愛知大学綜合郷土研究所シンポジウム報告集

ふるさとから発信する

愛知大学綜合郷土研究所【編】

あるむ

はじめに

愛知大学綜合郷土研究所所長　有薗　正一郎

　愛知大学綜合郷土研究所、略して郷土研は、これまで「ふるさとを考える」「ふるさとを創る」「ふるさとに住む」のテーマで3度シンポジウムを開いてきました。今回は「ふるさとから発信する」を論題にして討論することにします。

　今世間で流行っている言葉のひとつが、グローバル化やグローバリゼーションです。これらの言葉の解釈はいろいろありましょうが、私は次のように解釈しています。

　　グローバル化やグローバリゼーションとは、今世界でもっとも大きな経済力と軍備を持つ国が、その国の考え方が正しいという前提のもとで、情報の取り込みと発信を二進法でとめどなくおこなう道具を使って、その国の考え方を世界の人々に押しつけようとする一連の動きを指す言葉であり、日本語訳すると、「世界中十把ひとからげ化現象」である。

　例を示しましょう。世界中の池や湖の魚がブラックバスだけになり、世界中の野原の草がセイタカアワダチソウだけになったら、何の楽しみもないと思いませんか。私は「所変われば品変わる」からこそ世の中は面白いと思っています。そして、グローバリゼーションの大波も、ひとつひとつは小さいけれど、シジミやアサリなどの貝たちがそれぞれ寄り集まって潮吹けば、おだやかな波になるとも思います。

　今回のシンポジウムでは、ここ三河に住むシジミやアサリにあてはまる人々だと、我々郷土研の世話人たちが考えて発表をお願いした2人の方に、「ふるさとから情報を発信した」経験を話していただきます。尾澤美也さんは集落誌を村人全員で正味1年かけて作った伊良湖集落の自治会長さん、伊藤敏女さんは1町歩ほどの田畑を耕しながら、鳳来町横山出身の民俗学者早川孝太郎の足跡、とりわけ早川が故郷の人々とどのような交わりを持ってい

たかが分かる資料を探す作業をおこない、また地元の情報を掘り起こして本にする事業をコツコツやってきた奥三河書房の経営者です。

　次に、東京からおいでいただいた水岡不二雄先生からは、地理学の立場から「ふるさと」とはどんな場所なのか、また「ふるさと」から情報を発信する人は、それを受け取るであろう人との間で解り合える共通のモノサシを組み込んだ情報を発信すべきであるなどの話が聴けるのではないかと思っております。

　尾澤さんが話される場は伊良湖、伊藤さんが話される場は奥三河、水岡先生が話されるであろう場は三河・遠江・信濃にまたがる領域なので、話題になる場が適切に配置されており、また海と里・里と山・そして山の話なので、話題も適切な組み合わせになっていると考えております。

　3人の方の発表の後、1時間ほど討論する時間をとっておりますので、最後までおつきあいいただけますれば、さいわいです。

目　次

はじめに …………………………………………………有薗正一郎　1
シンポジウム開催にあたって ……………………………武田　圭太　5

『伊良湖誌』のキーワードは「伊良湖」…………………尾澤　美也　7
ふるさとを伝える…………………………………………伊藤　敏女　25
「場所」のふるさと、「空間」のふるさと
　──経済地理学から考える──………………………水岡不二雄　32

討　論 ……………………………………………………………………51

本書は、2007年12月1日(土)に愛知大学綜合郷土研究所で開催された
公開シンポジウム「ふるさとから発信する」の記録です。

シンポジウム開催にあたって

武 田　圭 太

　ただいまから2007年度愛知大学綜合郷土研究所公開シンポジウムを始めたいと思います。今日から師走です。これからしばらくのあいだ何かとあわただしい毎日ですが、そうしたお忙しいなかお集まりいただきましてありがとうございます。ここ数年、本研究所は「ふるさと」を統一テーマとして、隔年で今回を入れて都合4回このような形のシンポジウムを開催してきました。1回目は「ふるさとを考える」という主題を掲げて、ふるさとはどういうところなのか、あるいはどういった人たちが住んでいるのかということについて、基本的なことをまず押さえておこうという趣旨で始めました。2回目は「ふるさとを創る」というテーマを取り上げました。3回目はその創られた「ふるさとに住む」ということについて考えました。これら3回のシンポジウムをふまえて、4回目の今回は、ふるさとから何か新しいものを発信していく、外に向かって新しいふるさとの在り方とか、ふるさとで暮らすことの意味を伝えていく、という趣旨で企画しました。

　今年は3人の先生方をお招きいたしました。最初に、この三河を代表して、有薗所長からご紹介いただきましたお2人の方に、地元でふるさとがどのようなところとして在り続けているのかというようなことについてお話していただきます。そのあと少し休憩を挟みまして、一橋大学の水岡先生からもう少し広い視野と言いますか、世界的な視点、最近よく使われているグローバリゼーションというような、より地球規模的な大きな観点から、この三河地域でのいろいろな発信活動がどのように位置付けられるのかについてお話をしていただきたいと思います。

　最初の話題は、尾澤美也さんの「伊良湖誌のキーワードは伊良湖」です。引き続きまして、伊藤敏女さんから「ふるさとを伝える」というタイトルでお話をしていただいたあと、5分間休憩を挟んで、最後に水岡不二雄先生か

ら「場所のふるさと、空間のふるさと──経済地理学から考える」というテーマのお話をしていただくことになっております。今日の大体のスケジュールは以上です。では尾澤さんよろしくお願いいたします。

『伊良湖誌』のキーワードは「伊良湖」

尾澤　美也

1．はじめに

　私たちの伊良湖自治会は、渥美半島の最先端である伊良湖岬を含む、田原市伊良湖町からなる場所で、骨山、宮山、耕田の山を背にして、整然と集まった戸数96軒の集落です。多くの家が農業を営み、豊かな自然も、人々のつながりもまだ多く残っている、「田舎」の薫るところです。

　本日は伊良湖自治会として、昨年まで2年間取り組んだ、集落移転100周年の記念行事と、それに伴って発行しました『伊良湖誌』についてお話をしたいと思います。

　「伊良湖岬村大字伊良湖は、渥美半島の西南端にあり、渡合海峡をへだてて、神島と向き合い、伊勢湾と衣浦湾の入り口にあり、雄大絶景な風景で昔から有名である。明治三十八年九月十七日、陸軍用地として収容命令を発せられ、翌三十九年三月十五日現地へ移住を終えた。被収容土地は、二百十町七畝二十一歩。価格は九万七千九百十円四十一銭。移転戸数百十二戸。人口は七百二十九人である。ここに記念碑を建立する」

　これは伊良湖小学校の横にある、100年前に建立された「伊良湖岬村移転碑」の碑文の現代語訳を『伊良湖誌』から引用したものです。

　この碑文に刻まれているように、陸軍伊良湖試験場（大砲の実射試験を行う場所）の拡張に伴い、1905（明治38）年に伊良湖集落114戸（碑文には112戸）は全村移転することになりました。

　「おい、伊良湖の村がここに移ってもうじき100年じゃないか」という話があったのが2004（平成16）年の春、おんぞ祭り（伊良湖神社の祭り）のビラ貼りの仕事をしていた時のことでした。そして、計算すると「来年じゃ

ないかん」ということで、自治会の役員のなかで話題になりました。

　年度がかわり、平成17年度自治会の新役員のあいだで「何かやるのかなあ」ということになり、6月4日のお日待ち（祭礼の夜の行事）で村全体にはかり、「何かやるか？」→「企画せろ」という流れになり、集落移転100周年を記念するために、各種団体の長をメンバーとした実行委員会が立ち上がりました。以後、数回の会議を開き、記念式典を挙行し、百年祭という村をあげてのイベントを行うことを決めました。そして、後世に残せるよう、記念碑の建立、記念誌の発行という2本の柱をたてました。このことが、今回、私が伊良湖自治会を代表してこの場に立ち、みなさま方にお話する大前提となった訳です。

2．伊良湖集落移転100周年記念行事

　ここでは、『伊良湖誌』の作成の前段階、2005（平成17）年11月23日に執り行われた、伊良湖集落移転百周年記念碑の除幕式と記念式典、そして百年祭についてお話します。

　まず、記念碑の建立については、こんな秘話があります。記念碑の予算は当初、約10万円しかありませんでした。担当の委員が石屋さんへ相談に行ったところ「10万円なら、そこにある石くらいだなあ」といわれました。片隅をみると、荒縄で柱に縛ってある、小さく薄い座布団くらいの、自立不可能な石でした。「いくら何でも」とみんなで悩んでいたところに、吉報が飛び込んできました。田原市と渥美町との合併によって「渥美町文化会館」の入り口に建っていた標柱が撤去されることになり、それをいただけるとのことになりました。石屋さん曰く「100万円出しても、とても手に入らん石だぜん」とのことでした。素晴らしい石材が運良く手に入ることになりました。

　そして、この碑には「願はしきものは平和なり」と柳田國男の「遊海島記」の文章を刻むことになりました。「遊海島記」は雑誌『太陽』の1902（明治35）年6月号に発表された「伊勢の海」という紀行文の改題です。柳田が民俗学に傾倒したきっかけは、伊良湖に滞在したことと、その記録である「遊海島記」ともいわれています。そして碑にある一節は「伊勢より来りし人の

物語に、此頃其海峽に砲臺築かんの企ありて、神島二百餘戸の漁民は、志州の國崎に移されるべしなどいへり。伊良湖も亦如何あらん。願はしきものは平和なり」という最後の部分です。まさに伊良湖集落の移転そのものが書かれた文章です。

「願はしきものは平和なり」の一文にたどり着くまでに、実行委員会のメンバーは、試行錯誤を繰り返しました。「「平和」という言葉をつかうべきだ」「先人の「叡智と努力」に感謝する言葉を使おう」「温故知新」はどうか」「100年間、大過なく生活できたことへの感謝」等々。そんなとき、柳田の著作に目を通していた委員が「これだ」と感じたこの11文字に巡り会えたのです。そして記念碑の背面には次のような文章を刻み、説明を加えることにしました。

「明治三十八年（一九〇五年）陸軍伊良湖試験場の拡張により伊良湖の集落はこの地に移転しました　それ以後先人の叡智と努力により人々は大過なく幸せに暮らしてきました　かつて伊良湖に滞在した柳田國男はその著作「遊海島記」のなかで「願はしきものは平和なり」と述べています　これからも人々が平和を堅持し幸せに暮らせることを願い百周年を記念してここに碑を建立しました　平成十七年十一月吉日　伊良湖自治会」(碑文は縦書き)

記念碑の除幕式の終了後、伊良湖小学校の体育館において、招待者や自治会の会員（村人）400人ほどを集めて、記念式典が盛大に行われました。

写真1　「願はしきものは平和なり」
　　　　（伊良湖集落移転百周年記念碑）

写真2　伊良湖集落移転百周年記念式典での
　　　　主催者あいさつ

写真3　記念式典での小学生の発表

写真4　百年祭での餅まき

　式典では、主催者のあいさつや、来賓の方々からの祝辞の後、小学校全校児童による合唱や、6年生全員による伊良湖集落移転の研究発表が行われました。特に研究発表は、パワーポイントによるプレゼンテーションで、写真や図をたくさん使ったすばらしいものでした。その後の第2部で「伊良湖の集落移転」と題した講演をすることになっていた講師の先生が「話すことが無くなった」と驚くほどの出来映えでした。

　午後から行われた百年祭では、老人会の人たちが懐かしい郷土料理の「じょじょ切り」やいも煮、女性部のうどん、消防団のみたらし団子、小学生の焼き芋やお好み焼きなどの模擬店、PTA役員さんによるいろいろなゲームなどで市民館の駐車場は大いに賑わい、歓声があがっていました。また、全戸に呼びかけて収集した古写真3,000枚のなかから、委員会が厳選した「懐かし写真展」や60年以上前（第2次世界大戦中）の8ミリフィルムの映写会などが行われました。この日の最後のイベントとして、景品付きの餅まきが中学校2年生男子の手で行われ、集まった人々の感動と大騒ぎのうちに伊良湖集落移転100周年記念行事は終わりました。

　そして、この日の感動と大騒ぎが次へつながって『伊良湖誌』発行に大変な影響を与えることになりました。

3．『伊良湖誌』の基本計画

次に、集落移転100周年事業のもうひとつの柱である『伊良湖誌』についてお話します。

『伊良湖誌』を発行することはすでに決まっていましたが、記念式典や百年祭、それに記念碑の除幕などの記念行事が村人の心に残るすばらしいイベントだったことで、記念誌に対する思いや期待がたいへん大きくなりました。そして、いろいろな意見が実行委員会によせられるようになり、うれしい悲鳴をあげました。

その要望を列挙しますと次のようなものがありました。

○伊良湖の歴史がわかる本
○伊良湖の自然がわかる本
○伊良湖の今が残せる本
○立つほど厚いすばらしい本

なかでも「立つほど厚いすばらしい本」ということばが、私たちにとって大変なプレッシャーとなりました。また、当初予算は約10万円で、8〜12ページくらい（広報誌くらいのボリューム）の、本当に軽い予定だったのですが、公民館を修理するときに使うために準備してきた定期預金180万円を使用できることになり、かつ、愛知県市町村振興事業費補助金の約60万円もいただくことができ、何倍、何十倍も重い決定となりました。

そして、伊良湖集落移転100周年事業実行委員会から伊良湖誌編集委員会を立ち上げました。そのなかでは、本づくりについての具体的な計画を練り直すことになりました。

まず考えたのは、私がこのシンポジウムの演題とさせていただいた「『伊良湖誌』のキーワードは「伊良湖」」ということです。これが『伊良湖誌』の最も基幹となるコンセプトであるからです。そして、とにかく伊良湖のための本ということで次のようなことをまとめました。

○読んで楽しく懐かしい
○読んでためになる

○後世に残したい
○写真を多く使い、綺麗でみやすく、読みやすい
○子どもからお年寄りまで、なるべく多くの村人に参加してもらう
○いろいろな分野の先生に原稿を依頼する
○伊良湖についての記録や資料を集める

　しかし、ここまでたどり着くには、編集委員会は知恵を出し合い、かなりの時間を費やしました。そして、3章構成からなる基本方針と、それぞれの章ごとのテーマ「読んで楽しく懐かしい伊良湖」（第1章）、「読んでためになる伊良湖」（第2章）、「後世に残したい伊良湖」（第3章）が固まりました。
　以下は『伊良湖誌』の最終的な本の構成、目次です。

○ごあいさつ
○写真でみる百年祭
○目次
第1章
○伊良湖の古写真
○伊良湖試験場建設の経緯とその発展
○愛知縣渥美郡伊良湖村収用地ノ図
○「願はしきものは平和なり」記念碑の誕生秘話
○小学生がみた伊良湖
○伊良湖小学校6年生が百年祭で発表した「伊良湖集落移転の姿を追って」
○伊良湖の年間行事カレンダー
○伊良湖の素材を使った郷土料理
○となり村　日出について
第2章
○伊良湖岬の植生
○コラム　伝説恋路ヶ浜の由来
○伊良湖の地質と地形発達史
○伊良湖東大寺瓦窯跡
○コラム　渥美古窯について

○伊良湖に残る石造文化財
○伊良湖が生んだ漁夫歌人 糟谷磯丸
○『地籍図』と『地籍帳』からみた明治17年の伊良湖村
○『買収地及附属物件調書綴』からみた伊良湖の集落移転と人々の生活
○100年前の移転時に新築した住宅（居宅）の現況図
○抒情詩「椰子の実」と伊良湖と柳田國男
○渥美半島の海岸防備施設
○いま明かされる「伊良湖要塞」

第3章
○明治17年調　渥美郡伊良湖村地籍字分全図
○旧伊良湖集落の屋敷配置図
○1944年12月10日米軍撮影の空中写真
○粕谷魯一が書いた「伊良湖崎略図」
○移転時における建物の種類と面積（所有者別）
○小学校・お宮・お寺の歴史
○伊良湖集落移転百周年を告げる新聞記事
○年表
○謝辞・編集後記

　総ページ数は、中表紙から奥付までで144ページとなりました。印刷は全ページ4色刷り、いわゆるオールカラーで、A4判の天地を少し縮めたA4変判（縦27cm×横21cm）の体裁をとりました。
　基本計画として、最後まで決まらなかったことは、本のタイトルでした。それは、『伊良湖誌』の「誌」の文字をどうするかということでした。「史」でもなく「詩」でもなく、いろいろと悩みました。そして、「誌」には、記録に残すこと、忘れないように覚えておくことがあると知り、企画書にずっとあった（仮称）『伊良湖誌』の（仮称）を取ることができました。

4．『伊良湖誌』編集作業のエピソード

それでは、どんな本づくりをしたか、どんなエピソードがあったかをお話したいと思います。記憶が少々古くなって順番は思い出す順であり、不同であることをお断りします。

エピソードⅠ
伊良湖小学校の児童56名全員に依頼して「小学生の目からみた、学校や校区、子どもたちの「よいところや、じまんできるところ」」を書いてもらいました。題して「小学生がみた伊良湖」です。低学年の子どもたちの意見は「なつのうみがきれい」「海で岩のりをとったり、山であけびをとったりできるところ」などの、豊かな自然のなかで、楽しく、元気よく、そしてたくましく暮らしている様子が書かれていました。なかには「うちに3びきねこがいる。ほんとは6ぴき」と、素直でほのぼのとすることができる内容もありました。高学年になると「伊良湖や日出は歴史深い自然があります。伊良湖・日出の自然は最高です」「伊良湖小学校は、人数が少ない学校です。少ない分、みんな助け合い、とても仲がいい学校です」など、自然や人の美しさ、自然と人、人と人との関わりの強さを感じることのできる言葉がたくさんありました。忙しい編集作業のなかでも、たいへん楽しい時間でした。ここに寄稿してくれた小学生たちが、何十年も経って、やがてお父さん、お母さんになったときに再度読み返してくれることを心のなかで期待しました。

エピソードⅡ
伊良湖小学校6年生12名の子どもたちには「伊良湖集落移転の姿を追って」というテーマで執筆をお願いしました。これは、記念式典での研究発表がたいへんすばらしかったため、ぜひ、記念誌にも載せてもらいたい気持ちからでした。現地調査に旧集落にみんなで出向き、かつて自分の家がどこにあったかをそれぞれ確かめました。「この2人（千絵さんと佑樹君）は、昔おとなりさんだったようです」というくだりは、大人では思いつかない文章

表現法です。そして、指導にあたられた先生方にたいへん感謝しました。

エピソードⅢ

村の古老数名に集まっていただき、伊良湖に伝わる話や編集委員が疑問に思ってきた点についてお聞きしました。特に年中行事などについての聞き取り調査に多大な協力をいただきました。

聞き取り調査は大変盛り上がりました。子どものころの懐かしい思い出話からはじまり、戦中、戦後の激動の時代、若き日の武勇伝、海での豊漁の時の話や苦労話、そしてちょっぴりさみしい、今日この頃のことなど、長い人生通りの長い時間をかけてのお話になりました。私たちにとって、はじめて聞くことや、かつて子どもの頃に聞いたような懐かしいお話をお聞きすることができました。ためになる大切な時間でした。

むかし話については、興味深い内容の楽しいお話がいくつか聞けました。しかし、当然ですが、文献などに記述もない口伝えでしたので、コラム的に載せることにしました。

伊良湖の年中行事には、農業と漁業にまつわることが多くあり、伊良湖の地域性を反映しています。お正月の門松、節分飾り、山の口開け、磯の口開け、端午の節句（こいのぼりを上げない）、大晦日のごせんだら祭り（火祭り）など、伊良湖にしかみることのできない、伊良湖独自の風習がたくさん残っていました。しかし、行事のなかに

写真5　伊良湖での節分飾り

写真6　ごせんだら祭り

は最近になって簡素化されたものや、みられなくなったものもあり、「今」を書き留めておくことの大切さを感じました。また、100年前（移転前）の集落の様子をお聞きしたとき、「あそこのじいさんに聞きゃあ、よう知っとったがなあ。まあ死んでおらんけど」とか「惣三郎さのじいさんが生きとりゃあ、柳田國男が伊良湖におった時の話がしてもらえたがや」と聞かされ「50年くらい前に聞き取りをしたかったなあ」と残念な思いをしました。また、編集委員のなかでは「タイムマシーンがあるといいねぇ」といった子どものような話もありました。

エピソードⅣ

「伊良湖の素材を使った郷土料理」のページを作成するため、老人会のおじいさんやおばあさんに出ていただいて、市民館の研修室を使って、実際に郷土料理を作っていただきました。目的は、レシピの原稿づくりや手順と完成した写真を撮るためでした。

編集委員のメンバーは、数日前より必要な食材の一覧表を作成し、それに沿って調達に走りまわりました。当日は、担当料理ごとに分担を決め「郷土料理のヒヤリングシート」と名付けた調査用のレポート用紙を手に、各料理チームに密着して取材しました。そして、どんな材料がどれだけか、どんな調理方法か、また、どんな時にどんな気持ちで食べたかをレポート用紙に書き留めました。担当料理を持たなかった、写真班の粕谷政行（平成18年度自治会長）さんと山本真一（印刷会社の担当者）さんは、8月の猛暑のなか、鮮明な写真を撮るために、レフ板とカメラと格闘し汗か涙かわかりませんが、びしょびしょになっていたことを思い出します。

最後に、できあがった料理をみんなで食べた時、私ども編集委員はもちろん、老人会のみな

写真7　郷土料理の制作とヒヤリング

さんが、大変懐かしがっていたことに感動しました。

エピソードV

『伊良湖誌』の学術的な質を高くするために、第2章「読んでためになる伊良湖」を企画しました。そして、恐れることを知らず、自然、歴史、文化、遺跡、芸術などの各分野でご活躍中の先生方に原稿を依頼しました。先生方はたいへん多忙なときだったと思いますが、こちらからのわがままな注文(原稿の分量の指定、非常に短い原稿の提出期限、編集委員会の意向に沿ったレイアウトなど)をお聞きいただき、原稿を書いていただきました。しかも、先生方へのお礼は、伊良湖の農産物、米や花、キャベツ、トマトなど編集委員が家で作っているものでした。そして、先生方の優しさをたいへん感じる原稿が着々と編集委員会に届きました。今となれば、私どもの『伊良湖誌』にこめた熱い思いが伝わったのかなと思っています。ありがとうございました。

先生方の現地調査に対しては、できる限りの協力をと考え、一生懸命がんばりました。伊良湖に残る戦争遺跡の調査をおこなった時は、担当された先生や戦争当時の事を知る古老の先頭に立ち、編集委員が鎌を手に、道無き山の枝を払いながら人の通れる道を作りました。

また、石造文化財を担当された先生からの依頼で、表中のデータの欠落した部分を補うために、メジャーを片手にお宮やお寺にも行きました。蚊の大群に襲われながらも、自分たちの目と身体で体験する大切さ身にしみて感じました。しかし、写真撮影のために、地上15メートルの高さにもなる高所作業車には、気持の整理がつかず上ることはできませんでした。

エピソードVI

伊良湖の資料を調べていくなかで、いくつかの新たな資料を発見することができました。ま

写真8　戦争遺跡の調査

写真9　米軍が撮影した1944年の空中写真

ず1つは『明治37年　買収地及附属物件調書綴　渥美郡伊良湖村控』という帳簿です。編集委員長の小久保義夫（平成17年自治会長）さんが、自治会の古いロッカーのなかを何気なくのぞいていたときに手にした資料です。「こんなもんがあるよ」と持ち出してきたら、みてびっくり、まさに集落移転時の姿を目の当たりにできるものでした。内容は、土地、建物、附属物件（井戸、石垣、墓石など）すべてにわたる移転料支払いの記録でした。

また、1944（昭和19）年12月10日に米軍の偵察機が伊良湖上空から撮影した空中写真が、米国国立公文書館（ワシントンDC）にあることを知り、入手しました。この写真が撮影された3日前、12月7日の13時36分頃、東海地方をマグニチュード8.0、「東南海地震」のおこった直後の写真でした。地震による津波の跡が伊勢湾に面した西ノ浜にいくつかありました。それにもまして60年以上前の村の写真を、お年寄りの人たちが「これが大松だぜん」とか「牛車にゆられて通った道だぜん」と食い入るようにみてくれたことが、すばらしい「おてがら」だったと思いました。

エピソードⅦ

第3章を作るため、沿革史（「小学校・お宮・お寺の歴史」）や年表を必死になって書きました。『伊良湖誌』の最後に時代の流れや変遷を簡単に調べられるものがほしいとの要望からです。一生懸命原稿を書いて持参しても、ボツになった編集委員もいました。ごめんなさい。

「旧伊良湖集落の屋敷配置図」は編集委員が最も気を遣いながら、手間をかけたものです。移転前の地図をつくり、そのなかに、当時誰の家だったかを調べ、今現在の当主を載せるといったとても難しい作業でした。全ての家、96軒全戸を委員で回り、聞き取り調査をして「このように載せていいですか」

と確認をとり、了解いただいたうえで再度検討し、間違いのない、より精度の高い配置図を完成させました。

エピソードⅧ

原稿もほとんどできあがり、先生方の原稿も印刷会社に入稿し、編集委員がホッと一息つけると思った頃、本当の苦労が津波のように押し寄せてきました。それは「まさか、ここまでやるの」と思い返したくないような校正の作業です。

編集委員はそれぞれに、すべての年代と年号を確認する人、読みにくい漢字にルビをつける人、「まちがいさがし」のように誤字や脱字をさがす人、写真にキャプションをつける人、送りがなや文体を直す人などと分担を決めました。赤ペンが全員に配られ、委員会があれば毎晩夜中まで校正をしました。

「おい、伊良湖灯台か、それとも伊良湖岬灯台か」「そんなん、明日、明るくなったらみといでん」「ああ、そうか」とか「恋路ヶ浜か、それとも恋路が浜か」「どっちでもええがや」「だめだ、本全体で統一せまい」「はあん？今から」「あたりまえだがや」といったような会話が飛び交いました。

写真10　編集委員会の活動（原稿作成と校正）

１ページずつの校正読み合わせ中に、トイレなどで中座するとたいへんでした。「次のページのここのルビが違っておるけど、担当者はちゃんとみとるかいねえ」と言われており、やが

写真11　編集委員会の活動（全体のバランスをみる）

てその箇所がやってきて、担当者が「そこのルビが違うで訂正して」と注文すると「おおー、ちゃんとみとるねえ」なんて言われたりしました。

　市民館の2階のホールを使って、仕上がった校正原稿を全部並べてみました。すると、写真が集まりすぎたところや、その逆のところ、いろいろな問題点もみつかりました。「色の配色が偏りすぎとるで、こことそこをかえるかあ」といったような場所もありました。しかし、全体を見渡すことができ、『伊良湖誌』の全貌を把握するいい機会でした。そして、その後の作業もスムーズに進めることができました。編集後記の後に入れた、編集委員会の写真はこの時撮影しました。

　「ビールがほしいなあ」と言いながらも、アルコールを口にできるような雰囲気ではありませんでした。ノンアルコール、お茶だけで作業を進めました。そして、途中でいびきをかき寝てしまう人が出るほど大変な日々が続きました。

5.『伊良湖誌』完成後の活動

　いろいろな段階を経て、そんな日々を乗り越え、2006年11月23日に『伊良湖誌』を発行することができました。それは伊良湖集落移転百周年記念式典からちょうど1年後のことでした。この本が完成したのはこの事業に関わった多くの方々のおかげです。第2章に原稿を寄せていただいた先生方、スケッチや写真を提供していただいた方々、県や市の担当者の方々、いろいろな情報を提供していただいた方々や関係機関、伊良湖と日出のみなさま方、伊良湖集落移転百周年事業実行委員会の方々にたいへん感謝しています。

　『伊良湖誌』が完成して、印刷会社から納品されたときは感動的でした。梱包を解くと、みんなの思いがいっぱいの『伊良湖誌』が出てきました。手に取り、ピラピラっとめくるとインクのにおいが心地よかったのをついこないだのように感じます。その後、村の中での配付分を仕分けしたり、寄贈先リストに沿ってメール便を荷造りしたりという作業がありましたが、もう、こんな作業は何とも思いません。多くの方々の目に触れ、どんな反響があるか楽しみでした。

11月28日のお日待ちで、多くの人の手元に『伊良湖誌』をお届けしました。反響は、すぐに、かなりのものがありました。村の古老からは「よくやったなあ」という声や、「ありがとう」という声が聞こえてきました。なかには「屋敷配置図のなかで間違っているところがあるぞ」といったお叱りもありました。また、あれだけ慎重を期した校正作業にも関わらず、誤字や原稿そもそもの違いも発見しました。反省多々あり、といったところも感じました。

　また、寄贈先からは、丁寧なお礼の手紙が何通か届きました。「内容といい、書名といい、まことにユニークな編集にて、興味深く一読させていただきました」「自治体誌も各地で作られていますが、より狭い地域の自治会がこのように立派な記念誌を作られたことは、たいしたことと存じます」「全ページカラーの豪華な本をありがとうございます。ひとつの自治会が、こんなことができる、地域の力を感じます」「基本史料による分析、貴重に存じました。明治37・38年という時代状況が窺えます。本全体として、イラストが多く、人々が親しめるようになっており、しかもかなり実証性の高い内容に存じました。豊橋も百年（市制）で、いろいろ出ているようです（校区史など）が、比較にならないように思われます」などです。ここに掲げたものはその一部ですが、多くのお褒めの言葉に恐縮しました。

　伊良湖小学校では、調べ学習のなかで『伊良湖誌』をテキストとして使ってくれているようです。『伊良湖誌』を片手に小学校へ行くと「これ『伊良湖誌』だらあ。授業で使ったもん。しっとるよ」と子どもたちが言っていました。5年生からは「太平洋戦争のことを勉強したときに、小学校の裏山にもこんな要塞があったことを『伊良湖誌』から知った」と聞きました。先生方のご指導もあってとは思いますが、今後とも活用してもらいたいと思います。

　また、『伊良湖誌』をPDF化したことで、冊子の形態のみで

写真12　伊良湖小学校での調べ学習

なくパソコンでも活用できるようになりました。資料やパワーポイントのスライドを作成する作業が楽になったことから、執筆していただいた先生方も伊良湖での成果をいろいろな場面で活用していただいているようです。他の文献への資料とか、講座や研究発表などでの題材だそうです。そんなお話を聞くと、編集委員会も大変うれしく報われます。

　それから、私どもも機会があればお話させていただいています。今年の6月30日には三河民俗談話会において「伊良湖の年間行事カレンダー」と「伊良湖の素材を使った郷土料理」について発表しました。初めての経験だったのでたいへん緊張しましたが、実際に飛んでいた砲弾の弾を持ち込んだり、ごせんだら祭りに使う法被を着たり、海の幸を紹介するために、前日から用意した海産物をたくさん持ち込んだりしました。そして、今回、このシンポジウムでこのような形でみなさま方にお話するのも、その一環だと思っています。

6．おわりに

　『伊良湖誌』を発行した理由は、2つありました。ひとつは「伊良湖のみなさんが読むために」です。『伊良湖誌』を読んで、伊良湖の自然や文化のすばらしいところを再確認していただきたいと思います。先人がお互いに助け合い、優しさをもって関係し合って生きてきた、「叡智と努力」をたくさん知ってほしいと思います。伊良湖に生まれ、普通に暮らすことに大きな意義や高い価値観を持ってほしいと思います。

　もうひとつは「伊良湖から発信するために」です。世界の国々や地域はさまざまな形で影響しあっています。世界をひとつの村、集落と考えたとき、国にあたるのはひとりずつの人間、個人です。国々がお互いに助け合い、優しさをもって関係し合って発展することが、伊良湖の村のような「願はしきものは平和なり」の世界です。大過なく「平和」に暮らすことが最も大切だと知ってほしいと思います。

　『伊良湖誌』の第2弾は当分の間、出ることはないでしょう。しかし、伊良湖という狭い地域だけではなく、グローバルな視点からの『世界誌』が発

行されてもいいのかなあと思います。内容は伊良湖のようなドロクサイ、かつ、心温まる普通の生活を大過なく暮らしている様子の記述です。そして、先人の「叡智と努力」を知ることと、「願はしきものは平和なり」の世界を知ることが大切だと思います。

　最後に、編集委員という伊良湖自治会役員の仲間の「叡智と努力」により、みんなで補いながら、励まし合いながら作業に臨まなければこの本はできませんでした。辛かった思い出もあります。苦しかった思い出もあります。おもしろかった思い出もあります。うれしかった思い出もあります。こんな思い出のなかで、『伊良湖誌』は誕生しました。

　本を出すということは、子どもが生まれるようなものだといわれます。生まれたばかりの赤ちゃんは、大人がみんなで目をかけ、手をかけることで立派に成長します。伊良湖の人たちは、みんなで子どもたちを育てます。同じように、『伊良湖誌』も育てていただきたいと思います。そして、いろいろな場所で、いろいろな形で、小学生や中学生にその内容を伝えてほしいのです。地域の文化を後世に伝承することは、今の時代に生きる私たちに課せられた仕事だと思います。

　私自身は『伊良湖誌』からまだ完全にクールダウンできていません。クールダウンが完了したら、一読者の視点でこの『伊良湖誌』を読みたいと思います。また、その日がくることを楽しみにしています。

※本稿中にある個人の特定できる写真および個人名につきましては、それぞれのみなさんの了承を得て掲載させていただきました。

司会：尾澤さん、どうもありがとうございました。私も『伊良湖誌』を拝見しましたが、大変きれいな写真がたくさん掲載されています。このような書物は、どちらかというと堅苦しくて、読むときにちょっと身構えないと入っていけないようなものが少なくないんですが、この『伊良湖誌』は非常にお洒落な感じで、センスのよい編集になっているなと、私は感じました。

それから、先ほど尾澤さんがおっしゃっていましたが、やはり実際に自分自身の足を使って調べていくことで、初めてその土地のことが少し分かるのかなという気がします。私は、社会調査実習やフィールド・ワークの授業を担当しておりますので、尾澤さんのお話をうかがって、もう一度その原点と言いますか、一番大切なことを思い出させていただきました。それでは引き続きまして、今度は奥三河を舞台に、そこから文字通り発信活動を続けておられる伊藤先生のご経験についてお話していただきます。よろしくお願いいたします。

ふるさとを伝える

伊藤　敏女

　奥三河書房の伊藤と申します。
　旧鳳来町長篠で郷土の本の出版と販売の傍ら、旧長篠村出身の民俗学者・早川孝太郎の資料室を設け、資料収集や事蹟調査を行っております。主人と私だけのささやかな活動でしかありませんが、今年で27年の時を重ねて参りました。
　旧鳳来町は書店が一店もない所で、そうした環境の中で出版をするというあまり例のないことをして来ましたので、聊か私事にわたって恐縮なのですが、"故郷"と"発信"することとをどうとらえて来たのか、お話ししてみたいと思います。
　今、私共が住いしますのは元々主人の生家で、古くから続いているというだけの普通の農家です。主人は東京で学業を修めた後、意に叶った職にも就きましたが、後取りとして故郷に戻って来なければなりませんでした。故郷を懐しむのも遠くに居ればこそで、志半ばに引き戻される身には愛憎相半ばするものがあったようです。帰郷後は家から通える範囲内という制約のなかで、地方紙の記者となりました。一方、私は旧渥美郡の半農半漁の村に生れ、同じ新聞社の校正記者として主人に出会ったのです。
　昭和50年、長篠に嫁ぐに際し両親からは農家の嫁として農業に従事することが課せられ、嫁入りした時の近隣への挨拶口上は昔ながらの「手間をもらいました」というものでしたから相当の覚悟もしたのですが、現実は更に想像を超えていました。
　河岸段丘の上に拓かれた僅かな畑には耕運機を入れるのがやっとという程の赤道しかなく、田に至っては1尺ばかりの畔道があるだけの棚田で、手で植え手で刈り、穫れた米は背負ってかつぎ出すという江戸時代さながらの農

業だったのです。何より驚いたのは旧鳳来町では豊川用水の水源である宇連ダムを擁しながら、その水利権を持っていないということでした。私の在所の辺りではスプリンクラーから道路にまで溢れんばかりに水が撒かれ、田植の時には田に設けられた蛇口のバルブを開ければよく、耕地整理された大きな畑ではトラクターが瞬く間に耕していましたから、百年ばかりタイムスリップしたような心持ちでした。

　天水だけを頼りの、鍬や鎌など農具主体の生産性の上らぬ農業では経営はむつかしく、当時でさえ奥三河全域でも専業農家は数えるほどしかなかったのです。我家でも父の代では兼業となっていましたから、後取の職業を犠牲にしてまで継ぐべきものなのかと、疑念がわかぬでもありませんでしたが、覚悟したからには何とか活路はないものかと、新しい作物に切り替えたり、減農薬栽培の道を模索したりしながら、一農婦になり切っての数年を過しました。

　山里の暮らしには馴れましたが、私には堪えがたく辛いことがありました。それは活字から遠ざかってしまった淋しさでした。近くには図書館も書店もなく、主人が取材の為に収集していた郷土史料を、夜、薪風呂を焚きながら焚口の灯りを頼りに読むのが、ささやかな楽しみにすぎなかったのです。

　その頃読んだ郷土史誌の中で、とりわけ心に残る１冊がありました。設楽町名倉の郷土史家・沢田久夫先生の『三州名倉』です。戦前から編纂を始められ敗戦後の26年、先生が公職追放をとかれた年に出版されたものですが、郷土に生きる者の思い、郷土に寄せる愛情が胸にしみ入るように伝わってくるのでした。私にとってのふるさとは、海苔養殖やカクダテ漁、カキやアサリを採った三河の海でしたが、長篠の土にまみれ、作物を収穫する暮らしの中から、いつしか長篠を我が郷土と思う心が芽生えているのを、沢田先生の本から気付かされもしたのでした。

　こんな本を作ることが出来たら、との思いは日に日に増し、兎に角も活字がほしくてタイプの経験はありませんでしたが、タイプ機を購入しました。数年ぶりに手にする活字は新聞社の鋳造活字とは質も形も少し違うものの、その金属の小さな四角柱の１つ１つが懐かしく愛しく、私にはどんな宝石にも勝る宝でした。２ヶ月ばかり独習した後、仕事を受ければ仕事が技術を上

達させてくれるだろうと、印刷所から版下製作を請負うことにしました。そしてその半年後、請負仕事の傍ら奥三河書房の奥付を付した第1冊目の本を制作したのです。昭和56年、嫁いで6年目の秋のことでした。

　更に2年後、第2作目を発行した段階で、元々出版が夢だった主人は新聞社を辞し、2人で奥三河書房をやってゆく事になりました。2人ながらに文屋で、経営などは経験も力量もない身ですから大いに危ぶまれましたが、書籍製作費の約3分の1は版下製作費が占めますから、タイプで自前の版下が出来ることは出版のリスクを低くすることは可能でしたし、幸いにして取材で親しくなった、郷土の各分野で活躍する人々とのつながりは奥三河書房にとっては大きな財産となりました。ふるさとでの出版であることを最も生かすために、出版物の範囲を郷土の著者による郷土に関する本に限定することにしました。この地を離れられないのが私たちの運命(さだめ)なら、この故郷に留って居ればこそ出来ること、ここでしか出来ないことをやってゆこうと決意したのでした。この頃、奥三河書房の名に冠して付けた惹句は"獲り戻せ　ふるさとに　土と水と木と""還り来れ　はらからよ　山ふところに"というものでした。かつては沢山の人々を養い育ててきた山村が、農林業で生計を立てられなくなって次々と人が離れ衰微してゆく……それが故郷の抱える最も大きな苦悩であったからでした。

　こうして私達は、遅々とした歩みではありますが、沢田先生の著者も含め郷土の人々の本を作って来たのです。また、一方で郷土史と民俗に限定した書籍の販売も手掛けました。一般書店でさえ成り立たない地域柄でしたが、専門書店として特化したことにより、質の高い読者層を得ることが出来、また遠来の研究者や学者・学芸員の方々、あるいは写真家・画家などの方々も訪れて下さるようになりました。長篠が、花祭をはじめ豊かな伝統芸能を持つ奥三河の入口に位置していたことが、かえって地の利を得たという結果をもたらしたのです。

　そうして訪れる研究者の方々には、求めに応じて資料や情報の提供をし、必要とあれば地元の方々を紹介もしました。人と人とを結び、それぞれの場で交流を深め、活動や研究の花を咲かせ実と成っていって下さるのが楽しみでもありました。

さて、では農業の方はどうしたのか申しますと、これも家業ですから放ってしまう訳にもいきません。けれど片手間の農業で充分な収益を上げられるほど生やさしくはありませんから、収益性は第二義のこととして、せめて綺麗な土のままで次の代に伝えたいと、無農薬有機農法へと転換してゆきました。このころ地元の篤農家や有機農法に取り組む多くの人達を知ることになりました。このシンポジウムで前々回に発表なさった松沢さんもそのお1人でしたし、新城・南北設広域の自然農法グループ結成の動きには当初からメンバーに加わり我家の畑をグループの実験農場として現在にいたっています。また、このグループの活動とは別に、稲作については新しい農法ではなく、先祖がこの地で昔から行ってきた農法を知るべく、田植や稲刈に傭い人（やとど）として来てもらっていた明治末から大正期の生れの年寄衆に教えを乞い、稲作にまつわる伝承や習俗、田作りの手順、農具を扱う技術など実際にやってみてもらい自分もまたやってみるということを続けました。我家の田というごく限られた場でしたが、私にはかけがえのない民俗採集のフィールドとなったのです。それも、田植機も稲刈機も使わない昔ながらの田作りが昭和も終ろうとするころまで続いていたからこそ出来たことでした。

　そうこうしておりますうちに、私達に1つの転機が訪れました。平成元年、早川孝太郎の生誕百年目に当る年のこと、恐らくどこかで記念展が開かれるだろうと東京の御家族や全集を刊行している未来社、また地元関係方面に問合わせてみましたところ、全くどこでも企画しているところがないことを知ったのです。

　すでに12月20日の誕生日まで1ヶ月程の日時しか残されていませんでしたが、私達は奥三河書房で開くしかないと思いました。それまでに収集した資料はまだ僅かでしたが、早川の資料を保存している方々とは、記者時代からの親交があったためでした。展示会場を手配する時間的余裕もなく、自宅で開催することとしました。

　我家は孝太郎が生まれるより以前の明治2年に建てられたもので、お誂向きに儀式を想定した田の字形の間取でしたし、民俗学者・早川孝太郎の展覧会を同じ旧長篠村の民家で行うことは、思いついてみればこれほどふさわしい会場はないように思われました。早川夫人や未来社はじめ、奥三河の早川

と親交のあった家々から書簡・手帳・画・雑誌・書籍・遺品など300点以上の品々をお借りして、3ヶ月に亘る「早川孝太郎生誕百年展」を開いたのでした。

丁度その頃、私は名古屋テレビの朝の番組の特派員を引き受けていて毎朝奥三河地方の情報を提供し、取材や撮影の折りには案内や地元との調整などもしていましたので、同局では「花祭の父・早川孝太郎」とのタイトルで番組を作って下さり、また新聞各紙で展覧会の模様を報道して下さったので予想以上の盛況を得ることが出来たのです。実はこの時だけでなく、これ以前から出版書籍の紹介についても新聞・テレビ・雑誌などで、折々に取り上げて下さって、実質的な「発信」ということに関しては私達の活動に目を留めて下さった報道各社の協力に負っていたのです。

この早川展を機に、早川孝太郎資料室を設け資料の更なる収集と事蹟調査に努め、また命日を渉月忌と定めて、折々に資料の紹介や展示会、更に、早川と親交のあった渋沢敬三が昭和初期に奥三河の花祭や風物を撮影したフィルムを神奈川大の日本常民文化研究所からお借りして上映会を開催したりもして来ました。こうして早川の足跡を辿る過程で、早川の故郷への思い、果した役割、柳田や折口ら他の民俗学者と異なる早川民俗学ともいうべき本質など、少しずつ見えてくる中で、次第に早川のみならず協力した奥三河の人々の、郷土に根を張って生きる姿に心惹かれるようになりました。旧稿ではありますが、彼らについて書きましたのがお手元の資料です。

その内の1人、原田清氏の日記が今年の春刊行成りました、この『本山雑記』です。これは昭和2年から終戦までの約20年間に亘る本山での植林記録なのですが、中に早川を介して原田氏と交際のあった民俗学者らの記述があり、殊に渋沢敬三に関しては重要な記録が多く含まれていましたので、先ほど申しました渋沢フィルムを所蔵する常民研に御紹介し、また製作のお手伝いもして、やっと出版に至ったものです。この本が民俗学史の貴重な記録であると同時に、メインは植林経営の記録であり、また原田氏が本郷町（現東栄町）長をつとめる地方政治家でもありましたから、昭和初期、山村を襲った経済恐慌と、不況にあえぎつつ戦争へと巻き込まれていった時代の、奥三河の格闘の記録でもあるのです。氏は東京の時事新報社の記者を勤めた後、

故郷へ戻った人ですので、記者としての目と文章力がさらにこの記録を勝れたものにしています。

　また今、奥三河書房では早川のもう1人の友人、津具（現設楽町）の夏目一平氏の日記を編集しております。氏は郷土の考古学・民具・民俗学等の研究をし、渋沢の民具学のキッカケとなった人でもありますが、やはり林業家であって下津具村の村長でもありました。故郷に巌のように生き、故郷を慈しまれた人物でした。日記は夏目氏が御生前に御自身の日記から早川に関するものだけを抜すいしたものですが、早川歿後、早川の業績を記そうとして遺されたもので、重要な内容が簡潔に記録されています。僭越ながら氏の意志を引き継いで、今までの早川の事績調査で得たものを加え、同郷人でこそ出来うる編集を成しとげたいと思っています。

　このお2人のみならず、奥三河には故郷で一所懸命に生きてきた人々の記録が多く遺されていて、それらは親から子へ、先祖から子孫へ、未来に生きる者達の為にという意志を持って書かれたものです。しかし、故郷は次代を継ぐべき若者を失って連綿と続いてきた伝統の灯を消そうとしています。花祭も昨年は豊根の間黒が、今年は山内が終りの刻を迎えました。共に村落の平均年令が70才を超えた為ですが、むしろ老骨にムチ打って今まで続けて来られた事の方が驚異です。祭りのことだけを言うのではありません。そうした文化を育んできた自然に対する畏敬の念も、生活の基盤である農林業の技術も思想も理念も、途絶えてしまおうとしているのです。

　この時代の変容の有様を象徴的に表わすものとして、私には20年ほど前から気に掛っていた言葉がありました。それは今や死語となろうとしている「一所懸命」と、これに取って代って席捲しつつある「一生懸命」という熟語です。同じではないかと思われるかもしれませんが、これは大きに異なるのです。かつて故郷こそは他所に代え難い大切な一所でした。残って守り伝える者にとってはもとよりのこと、故郷を離れる者にとっても掛け替えのない一所であり、彼らは新たな地を一所と定めて第二の故郷として根をおろしてゆきました。しかし、グローバル化に至る時代の流れの中で一所で生きることに意義が見い出せなくなった現代、人々は自分の生涯という限られた時を「一生懸命」に生きるようになったのです。かくして時代への適応と引き

かえに、一所から一生へと主流が移りゆくにつれ、「掛け替えのない一所という場」と「自分の一生を超える時」という概念を失ってしまったと言えるのではないでしょうか。

　昔の故郷を懐かしもうというのではないのです。今は昭和30年代を懐かしむのが流行らしく、「貧しかったけれど幸せだった」と、多くの人が、何か大切なものを失ってしまったと思うようです。何を失ってしまったのか——その答えは、1代2代前の故郷に生きた先人の足跡の中にこそある筈です。それを私は伝えてゆきたいと思うのです。

司会：伊藤さん、どうもありがとうございました。豊かな奥三河の伝統や文化が、幸いなことに、伊藤さんの活動によって文字になり記録として残されていくということは、他の人にとっても有益なことではないかと思います。併せて、今年のシンポジウムのテーマの本質的な部分に関わるお話をしてくださったと私は思います。それでは、ここで5分間の休憩をとります。そのあと、水岡先生に基調講演をお願いしたいと思います。

「場所」のふるさと、「空間」のふるさと
——経済地理学から考える——

一橋大学大学院経済学研究科　水岡　不二雄

1．はじめに——空間、場所、そして領域統合

　このたびは、愛知大学綜合郷土研究所のシンポジウムでお話させていただく光栄を賜り、有薗正一郎所長はじめ皆様に厚く御礼申し上げます。私は、地理学、特にそのなかでも経済地理学という分野を専攻しておりますので、本日は、地理学から「ふるさと」の概念について考えてみたいと思います。

　「ふるさと」（郷土、故郷）という言葉を、私たちは日常何気なしに使っています。日常的な用語ほど、当たり前すぎて、改めてきちんとその概念を定義しようとするとかえって難しいものです。

　地理学は、「空間」というものを手がかりに社会を探求する学問であり、経済地理学は、そのなかでも特に、空間と経済との関係を探求します[1]。なかでも重要なのは、「空間」、「場所」、そして「領域統合」という3つの基本的概念です。はじめに、これらについて簡単に説明しておきましょう。

　「空間 space」は、まずもって、およそ150億年前に起こったとされる宇宙の「ビッグバン」と共に作り出された、物理的な存在をさす概念です。

　宇宙空間で空間は3次元の立体ですが、人間の経済・社会活動が展開する空間は近似的に平面ですから、この空間の性質を知るには、座標平面を考えてみてもよいでしょう。

　座標平面は無限に広がっていて、そのなかにあらゆる図形を描くことができます。これは空間の広がりです。同時に、座標平面の広がりのなかには、xとyの値で表せる無数の位置があり、2つの位置相互間には距離があります。経済・社会は、この、「広がり」と「距離」という2つの属性をもった

物理的な空間を自分の中に取り込みます。これを、「空間を経済・社会に包摂する」といいます。

空間の広がりは、経済・社会のいろいろなものを入れる「容器」として包摂されます。社会的分業から成る経済システムは、どんなものでも、ある局地国家、あるいはグローバルな空間の広がりという「容器」を包摂しなければ実際に機能しません。顔の見えない（非人格的な）相手どうしが貨幣を媒介として競争しあう市場経済は、この空間という広がりで展開します。また、国家という社会組織は、領土の排他的な領有が無ければ成立しませんから、空間の広がりを包摂してはじめて、国家の権力が行使できるようになります。

他方、空間の「距離」という属性が経済・社会に包摂されると、それは経済・社会の要素が移動することに対して摩擦を生み出します。交通・通信手段の建設には多大の費用と時間がかかりますから、この摩擦を否定し、政治的・経済的な空間統合を図ることは、交通・通信手段が発達していなかった昔の時代、とりわけ困難を伴うものでした。

次に、「場所」という概念について考えてみましょう。空間にある多数の位置は、それ自体としてみれば無機質な幾何学的地点で、地図の上では緯度や経度で表現されます。しかし、位置が経済・社会に包摂されると、その位置は、特定の「意味」をもつようになります。なぜなら、ある空間上の位置に、自然環境、経済活動とそれを支える生産や生活の技術、人間の心理や感情などが凝集し、その位置に投射されれば、特定の社会的性質を帯びるようになるからです。そのような特別な意味をもつに至った位置を、地理学では特に「場所 place」と呼びます。空間は、無数の位置をもっていますから、空間が経済・社会に包摂されれば、空間の中には無数の場所ができます。

空間と場所とのからみあいから、「領域統合」というもう1つの地理学の概念が生まれてきます。さきほどみた「場所」は、より狭い領域の広がりとも考えることができ、低次のスケールをかたちづくります。市場経済や国家は、より広い領域に広がり、高次のスケールにあります。無数にある場所をすべて集めれば、場所の境界によって仕切られた空間の広がりができます。多様な場所が集まってモザイクのようになっている空間と、国家や市場の抽象的な力が共通に及ぶ領域という空間——これは、たがいに異なるレベルの

空間スケールをなします。
　私たちが生活している空間は、同じレベルの領域がそれぞれ集まってできたいろいろなスケールの空間の層が垂直に統合されて成り立っています。「場所」から国家や市場の空間へと移ることは、日常生活の場としてのより低次の空間スケールから、より高次の空間スケールへと移る行為ということになります。

2．「ふるさと」とはなにか？——土地と身体の自生的結合

　では、この3つの地理学の概念をつかって、「ふるさと」という概念をより深く検討してみることにしましょう。
　手がかりとして、誰でも知っている文部省唱歌の「ふるさと」の歌詞をとりあげます。1番は、こうなっています：

1　♪兎追いしかの山、
　　　小鮒釣りしかの川、
　　　夢は今もめぐりて、
　　　忘れがたき故郷（ふるさと）。

　兎を追ったり、小鮒を釣ったりしたのは、せいぜい小学生のころまでの幼少時でしょう。幼少の子供は、あまり自由に遠くまで出かける機会が無いのがふつうですから、その生活圏は、距離の摩擦のために狭い範囲に制約されています。生活圏がこの低次の空間スケールにとどまっていれば、経験できる地物・地形はそれほど多くありません。しかし、この経験は日常絶えず繰り返されるので、幼児は、この狭い生活圏の中にある環境、それをめぐる行為などすべてを自己の身体性の中に取り込んでゆきます。
　それらが繰り返されれば、環境はネイティブな言語と同じように、脳髄にしみこんだ記憶となってゆきます。無機質な自然環境は、「かの」山と「かの」川となり、養育者の顔やネイティブな言語と同様に、身体の中に刻み込まれてゆくのです。周辺の地形、それを舞台に展開した生産や生活の技術にかか

わる経験が、言語と同様に幼少時の脳髄の中に植えつけられ、成長しても「忘れがた」い存在となって、身体と土地とは一体化してゆきます。これを、「土地と身体との自生的結合」と呼びます。「ふるさと」は、土地と身体とが自生的に結合した典型例といえるでしょう。

しかし、子供たちは、自分たちの生活する場所を、すぐその場で「ふるさと」と認識するわけではありません。

3．高次の空間のなかではじめて自覚される「ふるさと」

子供が成長するとともに、生活圏となる空間はしだいに広がってゆきます。就職、あるいは高校・大学進学と共に下宿や寮生活を始め、「ふるさと」を生活の場としなくなる人も多いでしょう。生活空間は高次のスケールに移り、そのなかに、自己の身体性に取り込まれた「ふるさと」が、特定の場所として浮かび上がってきます。

その場所は、他人には１つの地方としか見えないのですが、自分にとっては、空間の他の位置と違って、身体に刻み込まれた場所です。こうして、各人は、特定の場所を他との比較で「ふるさと」だと認識するようになるのです。「ふるさと」が、明示的・自覚的に存在するに至ります。

このことをたくみに表現したのが、唱歌「ふるさと」の２番です。

2　♪如何にいます、父母、
　　　恙(つつが)なしや、友がき、
　　　　雨に風につけても、
　　　　　思い出ずる故郷(ふるさと)。

「ふるさと」を自らの身体性の一部にしたまま生活の本拠を移した新しい場所は、身体との自生的結合が無く、「雨や風」が吹き付け、厳しい競争が支配しています。市場・価格・貨幣、そして国家権力といった経済・政治の抽象的な関係が広がるなかで、生活と生産の技術も、取り巻く環境も、自分の身体から疎外されており、人々の親密な連帯感情は薄く、人と人との関係

は、モノとモノ、カネとカネの関係に代わっているのが、今いる場所です。これと対照的に、「如何にいます」とうたわれた父母は、ふるさとに根付いた伝統的な生産と生活の技術で、今日も一生懸命仕事をし、また家庭を切り盛りしているはずです。こうした生産と生活の基盤の上に父母や「友がき」が優しく支えてくれる共同体の社会関係、そして経済・社会的な相互扶助。2つの空間スケールとそこにある社会関係の対比は、歌詞の中にくっきりと描き出されています。

　もっとも、「ふるさと」それ自体は、夢に描くように平等な共同体ではありません。「ふるさと」の内部にも、たとえば地主制や網元制度のような社会関係が存在します。3番の歌詞で、このことが示唆されます：

3　♪志を果たして、
　　　いつの日にか帰らん、
　　　　山は青き故郷(ふるさと)、
　　　　　水は清き故郷(ふるさと)。

　この歌詞で興味深いのは、立身出世という志を果たしたいのならば、「ふるさと」という低次の空間スケールを去り、高次のスケールに移って雨風に打たれても歯を食いしばって競争しなければならないことを暗に認めて、小学校の児童たちに、そうする美徳を教えていることです。

　社会・経済構造を規定する力がある高次の空間スケールは、個人に、経済・社会階層をはい上る機会、より高い所得を得る機会を与えてくれます。そこで成功し、いつの日か帰れれば、ふるさとで富を誇示し名誉も得られるかもしれない——。「ふるさと」にもさまざまな社会階級・階層があり、垂直的な社会構造をなしているのですから、この可能性は大変魅力的です。もちろん、失敗するリスクも大きいのですが、そのことは語られません。そして、成功した者の目だけにうつる「ふるさと」の山河の輝きを、小学生たちの純朴な心の瞳のなかに唱歌は映しこむのです。

4．「空間」がないと、「ふるさと」もなくなる

　「ふるさと」という概念は、多くの人々の心をとらえ、流行歌など他のジャンルでも歌いこまれてきました。次に、それらのなかで特異な歌を1つご紹介し、「ふるさと」という場所と身体、そして高次の空間スケールとの関係を検討してみることにしましょう。

　これは、樺太／サハリン出身の歌手城卓矢が自分自身の気持ちをこめたとされる、「ふるさとは宗谷の果てに」です。歌詞は3番まであります：

1　♪ふるさとは宗谷の果てに
　　　遠くかすんで今もなお
　　　　ちいちゃな頃の　思い出のせて
　　　　　かすかに浮ぶ樺太の島

2　♪生れ故郷のない淋しさを
　　　星よお前は解っておくれ
　　　　二度と帰れぬふるさとは
　　　　　今も変らずいるだろか

3　♪雪の山々氷の川よ
　　　鈴をならしてソリは走る
　　　　北は遠く北緯五十度
　　　　　もう帰れないふるさとよ

[JASRAC　出0800493-801]

　文部省唱歌「ふるさと」と同じように、「雪の山々、氷の川、鈴を鳴らしてソリは走る」と、「ふるさと」の自然環境や、この環境に規定されてできた生活の技術が歌いこまれています。冬になると雪で覆われる山々、凍りつく川、そしてそこを走るソリは、戦前に樺太／サハリンで幼少時を送った日

本人の身体に埋め込まれた場所の景観でした。

　しかし、この土地と身体との自生的結合をうたい上げる歌詞は、唱歌「ふるさと」と違って、3番に登場します。代って1番に登場するのは、より高次の空間、すなわち、日本政府の一機構であった樺太庁により統治されていた植民地・樺太という領域を含むレベルの空間です。樺太／サハリンという島自体は、今も昔も変らず物理的に存在し続けていますが、1945年2月のヤルタ協定で連合国によりソ連領と決められた結果、この島の北緯50度以南を統治する国家は、変ってしまいました。低次の「ふるさと」の存立を可能にしていた、宗谷／ラペルーズ海峡ならびに根室／クナシルスキー海峡の向こう側の「ふるさと」では、日本人の土地・家屋所有の正統性が否定され、居住そのものができなくなりました。2番の歌詞のとおり、それはいまや日本人にとって「二度と帰れぬ」領域になったのです。ソ連崩壊後の現在でこそ、ロシアのビザを取って手続きさえ踏めば、樺太／サハリンにも、国後／クナシル島・択捉／イトゥルップ島にも、一応渡航が可能となりました。しかし、行ってみたところで、日本人が居住していた村々はほとんど放棄されて家1軒残っておらず、かつての「ふるさと」の面影は、まったくありません。

　文部省唱歌が、3番で「いつの日にか帰らん」とうたうふるさとを、城卓矢は「もう帰れない」とうたっています。この対比に、国家と「ふるさと」との関係がたくみに象徴されているといえましょう。「ふるさと」は、国家領域の一構成部分にほかならず、帰れる場所であり続けるのは、その場所が、引き続き同じ国家権力の支配の下に置かれているからなのです。しかし、帰れなくなってもなお、幼少時の思い出としてかつてそこに住んでいた日本人の身体に埋め込まれた「場所」は、いまもかすむ島にかすかに残っています。「ふるさと」は、より高次の「空間」にある国家の権力（power）によってはじめて実現するものだということが、この現実から、痛いほど私たちに伝わってきます。「ふるさと」は、領土を支配する国家とも一体化した場所だということがわかります。

5．身体と国家——
「ふるさと」との一体性をめぐり対立する2つのベクトル

　主体の身体と一体化しながら、他方で国家とも一体化している——「ふるさと」は、このように、2つの要素と同時に一体化している場所であることがわかりました。国家と身体とは、一体的・調和的であることも、対抗的なこともあります。こうして「ふるさと」は、2つのベクトルに両方から引っ張られて股裂きのようなポジションにおかれがちになります。

　「ふるさと」が、身体と国家とが争う対抗の場所になったとき、身体と国家、この2つの中で、どちらがより優越な力をもっているでしょうか。それはいうまでもなく、高次の空間に広がって支配を行っている、国家の権力です。

　土地や財産を所有する制度や家族の制度は、国家が法律によって全国的に定めています。すなわち、「ふるさと」の社会を規定する基本的な関係は、高次の空間スケールを支配する国家によって規定されています。一例を挙げれば、明治政府の土地制度により、とくに厳格な所有権の概念を持たない村人たちに入会地のようにして自由に使われていた山林の多くが、国有林として収奪されてゆきました。九州の屋久島などではこれを裁判所に訴えましたが、敗訴して、国有林の法的地位がいっそう強固となってしまうという皮肉な結果を招きました。村人たちは、「ふるさと」にいながらにして、自分たちの身体が何世紀ものあいだ一体になっていた自然環境から疎外されてしまったのです。

　さらに国家は、徴税や徴兵の権限、鉱物資源や水資源利用の許認可権など、自然と人間に関わる多くの権力を法律によって保有しており、貨幣、人間、資源などを地方から中枢へと吸い取っていくこともしばしばです。ダム開発が行われ、村全体が湖底に沈められてしまうことすらあります。鉱物資源の精錬は、一般に、鉱山のすぐそばでなされるので、有害な化学物質が、「青き山」や「水清き川」に垂れ流されます。「禿げ山」や「水汚れた川」に変わり果ててしまった「ふるさと」を目の当たりにして、土地との一体性を身体で感じていた人々は、ここでも強い疎外感を味わわざるを得ません。

　国家だけでなく、市場経済も高次の空間スケールに広がっています。「ふ

るさと」で完全な自給自足ができない以上、人々は生活のため、市場の領域での商品交換に頼らざるを得ません。「ふるさと」の人々は、移出向け商品(地域経済学では「基盤財」と呼ばれます)を市場に販売して貨幣を獲得し、その貨幣を使って市場から商品を購入して生活をします。市場競争力がある基盤財を売りに出さない限り、「ふるさと」の経済はなりたちません。売り出す商品が無ければ、観光開発を図って外部から観光客を域内に引き込むか、あるいは、労働市場の領域に、出稼ぎなどとして自らの労働力を売りに出なければならなくなります。

　一国、さらには世界という空間スケールで動く資本主義企業は、市場の論理に従って経済的な意思決定を行い、グローバルな空間の舞台をまたにかけて事業所の立地点を決めます。その立地点が、地元の人々にとっての「ふるさと」を大きく変えることももちろんあります。

　このような過程を通じ、資本主義的市場と国家は、その経済的・政治的目標を実現するため、世界を1つの空間システムへと編成してゆきます。「ふるさと」は、高次の空間にますます強く包摂されてゆき、それぞれの「ふるさと」は単なる「地方」に成り下がってしまいます。かつて国民教育運動の理論的リーダーとして活躍した上原専禄氏は、この過程を「地域の地方化」[2]と表現しました。

　この「地域の地方化」が激しくなれば、ふるさとを身体と結び付けていた人々の対抗を呼び起こしかねません。国家は、この対抗をなんとか防がなくてはなりません。そこで、地方に対する収奪を重ねていた国家は、すでにみた「ふるさと」という場所で自生的に起こっていた土地と身体の一体性を、高次の国家の空間スケールへと人為的に転位させることで問題を解決しようとします。身体と一体化されている「ふるさと」の円周を国家領域にひろげ、「ふるさと」の場所と国家空間とを同心円に位置づけて、方向の対立している身体性のベクトルを国家と同じ方向へと回転させる思想操作ができれば、「ふるさと」にある価値観・考え方はそのまま国家レベルの価値観・考え方におし広げられます。「ふるさと」に対する自生的な一体性の感情を、国家領域と身体の一体化として、国家イデオロギー強化のため動員することができるようになるのです。

国土と身体との一体化といっても、もちろん、小学生たちに、全国をくまなく旅行させることはできません。修学旅行をしても、行き先は京都とか東京など、ごく少数の都市に限られます。しかし、地理の授業でたとえば、北は択捉／イトゥルップ島から南は琉球にまで版図が広がると言って日本の国家領域のすばらしさ、美しさを教え込み、それと自己の身体との一体性を幼い子供たちの脳髄に刷り込もうとすることなら、十分可能でしょう。こうして国家領域と身体との一体化が極限まで成功すれば、国家のためなら死も辞さない戦前の特攻隊のような思想も生まれ出てきます。

　もちろん、このような教育は日本だけがしているのではありません。世界中の多くの国の小学校で、同じような地理の授業が行われています。国家領域と身体との一体性が、幼い小学生の脳髄に刷り込まれているのです。

6．抵抗の場、民衆の隠れ家としての「ふるさと」

　とはいえ、「ふるさと」と国家領域とを同心円に位置づける試みがうまく作用するとはかぎりません。空間を舞台に展開する資本主義市場経済ならびに国家が自然環境や人々を利用しつくそうとすればするほど、幼少時に身体と結びついた「ふるさと」のイメージは、荒れた「ふるさと」の現実と大きく齟齬をきたすようになります。ふるさとの地方化によって生ずる疎外感と、宗谷／ラペルーズ海峡の果てに「ふるさと」を持つ人々がロシアのビザをとって樺太／サハリンを再び訪れて受ける疎外感とは、程度の違いでしかないのかもしれません。

　こうなったとき、「ふるさと」の人々は、身体に結びついた場所から疎外されて大人しくしているわけではありません。いくら身体と国家とを一体化するイデオロギーで人々を洗脳しようとしても、疎外に憤り、さまざまの行動を起こす自覚的な人々は現れます。それは、はじめのうち少数か、場合によるとたった1人かもしれません。それでも、「ふるさと」を地方として包摂し、それを市場や国家の都合がよいように作り変えようと高次スケールの空間に君臨する経済・社会に異議申し立てを始めます。「ふるさと」は、共同体の社会関係が強いので、はじめこのような運動を始めた少数の人々は白

い目で見られ、後ろ指をさされ、村八分になるかもしれません。しかし、孤立にもめげず、信念と確信をもって歯を食いしばり、「ふるさと」と身体との結びつきをこれらの人々は取り戻そうと抵抗するのです。

戦後の日本で最も優れた経済地理学者のひとり、上野登氏は、チッソが九州の不知火海に垂れ流した有機水銀を原因とする水俣病を例に、このことを次のように説明しました：

> 沿岸漁民にとって、不知火海は身体の一部のような密接な風土であった。その風土が、突如として沿岸漁民の敵対的存在になったのである。……不知火海の沿岸漁民は、不知火海との深い交りの中から、沿岸漁業の様式を生み出し、それを基礎とした空間的・風土的構造のなかで共同存在の実を示してきていた。海は豊かな幸を与えるものとして漁民の前に存在し続けてきていた。その海が、漁民に対して敵対的に現れようとは、漁民は考えもつかなかった。……原因はチッソの廃液であり、そのなかに含まれる有害物質である。この直感にたった漁民は、疎外の原因を会社と定め、公害闘争に立ち上がっていったのである。水俣病の闘争は、この疎外の感性的現実に深く深く根を下ろしている。[3]

ここで使われている「風土」という語を「ふるさと」と置き換えてみれば、この上野氏の指摘は、いまお話している考え方と極めて相同的です。

「ふるさと」をめぐる2つのベクトルが対抗的であればあるほど、この抵抗は、高次の空間を舞台にした市場や国家を変容させる運動に発展してゆかざるをえません。高次の空間スケールはより多くの人々に共通ですから、この運動は、普遍的な意味を持ちえます。例えば、戦前に田中正造氏がとりくんだ運動は、谷中村という「ふるさと」が足尾銅山の鉱毒で汚染され、村自体が遊水地となって取りつぶされるという疎外に対する怒りに端を発していました。はじめのうち田中氏は狂人扱いされますが、いまでは、公害反対運動の先駆、そして国家に十分な公害対策を迫った最初の問題提起者として、普遍的な意義を誰もが認めています。

もちろん、国家に対する公然とした対抗をするまでに至らない人々もいるでしょう。しかしそれでも、「ふるさと」と身体との結合を何とかして守ることはできます。それは、「ふるさと」が、空間を舞台とする国家の拠点から距離の摩擦によって物理的に隔離されていることを利用し、「ふるさと」を隠れ家のようにして利用することです。幕府に対抗して宗教上の信念を守りとおした江戸時代の隠れキリシタンは、その典型的な事例といえます。よ

り広いグローバルな対抗運動の拠点が、その運動を持続させるために、ある隠れた場所につくられることもありえます。

7．局地的な集積をつくりだした空間にうまれる共同体

　ある特定の位置に集積して生活するのは、土地と身体とを一体化させた「ふるさと」の住民だけではありません。遠くからさまざまな人々がやってきて特定の位置に集積して労働と居住を行い、新しい社会が局地的にできあがることもあります。そこには、より大きな空間にあるのとは異質の、「ふるさと」にも似た局地的な共同社会の関係が生まれて、新しい「場所」となることがあります。

　1957年に公開された「戦場にかける橋」は、高次の空間スケールにある敵対的関係がたまたまある局地に集積すると、距離の近接性から低次の空間スケールで共同体の領域が自生的につくりだされ、それがより高次のスケールの領域にある敵対関係と矛盾するものとなる、という空間スケールにまたがる社会関係の相克をたくみに扱った名画でした。

　第2次大戦中、タイからビルマへの陸上ルートを緊急に確保することを迫られた日本軍は、険しい地形のジャングルを貫いて鉄道建設をすすめます。しかし、日本人将校の鉄橋の設計と現場監督は下手で、工事はなかなかはかどりません。日本軍にこき使われていた捕虜の英軍将校は業を煮やし、それが敵国日本を利するものであることを知りながら、自分が設計しなおすことを申し出て、英国の技術で立派な鉄橋を完成させてしまいます。こうして、タイの密林の中に軍用鉄道工事のため集積した人々が、より高次の領域にある英国と日本との敵対関係にもかかわらず、唱歌がうたう「ふるさと」にも似た関係をもつ「場所」を、距離で隔絶された隠れ家のようなところに自生的につくりだします。それは、ジャングルの山を刻む深い峡谷という自然を鉄道で越えなくてはならない、という技術の局地性に規定された共同体です。

　ところが、鉄道が開通して最初の列車が走る段となって、再び、高次の空間スケールでの敵対関係が、夢から覚めたように戻ってきます。英国軍は、敵国日本の軍用鉄道を破壊しなくてはなりません。こうして、英国人が自分

で精魂込めて完成させたばかりの鉄橋を、英軍将校が心ならずも爆破しなければならないというジレンマに陥って、映画が終わります。局地的な場所の共同体と、広い空間にある地政学的敵対関係という、2つの空間スケールが支えた異なる社会関係の間をストーリーは往復しながら、空間と社会との間にあるパラドクスをたくみに描き出して、人々を感動させたのでした。

　残念ながら、このストーリーは大部分フィクションです。タイとビルマを結ぶ鉄道を日本軍が第2次大戦中に建設したのはもちろん事実ですが、実際には英軍をはじめとする連合軍捕虜は工事の労働者としてこき使われただけで、鉄橋の設計には関係していません。過酷な労働と伝染病などにより、捕虜に多くの死者を出しました。

　実は、異民族を大々的に動員した苛酷な工事で困難な地形に軍事を念頭においた鉄道を貫通させるという手法は、すでに戦前、私たちの足元の奥三河・南伊那間の天竜川ぞいで行われていました。

　天竜川沿いに中部日本を縦貫して信州と東海道本線を結ぶ鉄道を建設し、全国により強く空間統合しようとする熱望は、この地を「ふるさと」とする人々の間に長い間存在していました。これは、1922年に制定された「鉄道敷設法」(1986年廃止)の別表に「60. 長野県辰野ヨリ飯田ヲ経テ静岡県浜松ニ至ル鉄道」と書き込まれています。これが、今のJR飯田線の原型ですが、予定線は現在と異なり、天竜川に沿って南下、遠州浜松を終着駅としていました。

　ところが、豊川鉄道と鳳来寺鉄道を連結し、豊橋から奥三河の三河川合駅まで1923年に鉄道が通ったので、これを延長し、天竜峡駅が終点だった伊那電気鉄道とむすぶ私鉄を建設して中央本線と接続させたほうが実現が早いと考えられるようになり、1926年、東邦電力(愛知県)と天竜川電力(長野県)という電力会社2社を筆頭株主(20万株中各4.94万株)として、豊川鉄道の末延道成会長が「沿線資源開発の目的」で、三河と信濃を結ぶ「三信鉄道」の建設免許を申請しました[4]。1920年代というと、熱狂的なバブルの中で投機的な鉄道プロジェクトが全国で進められた時代です。紙の上だけで計画倒れにおわったケースも多かったのですが、この時期に、東京の小田急電鉄、大阪の阪和電鉄(現在のJR阪和線)、富士身延鉄道(現在のJR身延線)

などが全通を果たし、こんにちまで立派に全国鉄道ネットワークの一部をなして機能しています。こうした鉄道投機ブームのまっただなか、1927年12月に、三信鉄道株式会社が設立されました。

　三河川合・天竜峡間67kmを結ぶ三信鉄道のルートを決定するための路線測量は、1928年4月に開始されました。そして、1929年8月に天竜峡・門島間8.3kmがまず着工されます。天竜川に沿う断崖絶壁を縫い、見通しの悪い密林をものともせずに測量しなければならない佐久間・満島（現平岡）間では、北海道や樺太／サハリンでの鉄道測量で実績があったアイヌ民族の川村カ子ト氏をリーダーとする測量隊を雇い、1929年5月から測量が始められてルートが決定しました。

　しかし、1929年秋、日本経済は昭和恐慌に突入し、投機熱は一挙に冷め、資金流入は滞り、工事は放棄の危機にさらされます。それでも、三河川合側から工事が1930年5月に始まりました。三河川合から出馬まで、大部分愛知県内を走る7.4kmの区間の工事を請け負ったのは、五月女組です。この区間は、豊川水系と天竜川水系とを分かつ中央構造線のもろい分水嶺を延長1114.5mの片勾配トンネルで抜ける難工事を含んでいました。以前の鳳来寺鉄道建設工事のさいの賃金不払いに懲りた日本人はだれも働こうとしなかったので、五月女組は、朝鮮半島出身者を雇い[5]、この区間の作業に従事した土木作業員737名のほとんどが朝鮮民族となりました。この工事でも1930年7月に賃金不払いが3ヶ月分にも達し、賃金支払を要求して200〜350名にのぼる朝鮮民族の労働者は争議に立ち上がります。警察が駆けつけ、20数名の争議団員が検挙されましたが、争議団は果敢に闘い、地元警察署長に念書を書かせ検挙された団員の釈放を勝ち取る成果を上げます。しかしその後、警察は巻き返しに出て、300人以上を検挙、未払い賃金の部分的な支給で、争議は強制的に収束させられました。

　このころ既に中国大陸に戦雲が垂れ込め始め、海外からの石油輸入事情が厳しくなり、国内のエネルギー資源確保が重要となりました。また、この鉄道には本州中央部で太平洋と日本海を結ぶという国防（軍事）上の価値も認められました[6]。1931年の満州事変後、1年以上にわたり工事は中断したものの、1934年に、三菱銀行などから、株式払込金1000万円の半額に達する

500万円（のちにさらに350万円）の融資[7]を得られるめどが立ち、長大トンネルを含む最難工事区間とされた佐久間・温田間が着工にこぎつけました。請負者は飛島組の熊谷三太郎部長で、「熊谷組」の名のもと、個人の責任で工事を引き受けたのです。熊谷は、佐久間駅近くの長大トンネル（戦後、佐久間ダム建設による線路付替のため廃止）掘削を含む難工事を成功させ、この実績をもとに独立のきっかけをつかんで、現在の熊谷組となります。

　奥三河から奥伊那へと続く道筋の人々にとって長い間「ふるさと」であった天竜川沿いは、高い賃金収入とビジネスチャンスを求めるマイノリティや投機的資本が集まる集積点になりました。日本鉄道史に残る凄惨な工事に携わるため、当時の日本の労働市場という高次の領域を流れて三信鉄道工事現場に連れて来られたマイノリティの人々にとって、工事現場の天竜川沿岸に突如できたこの局地的集積は、自分たちを疎外する高次の空間の片隅にある一地方でしかなく、その場所への身体的結びつきはもちろんありません。

　とはいえ、低コストで工事を急ぐ三信鉄道会社の苛酷な工事の恐怖におびえて現場から逃げだした朝鮮民族の労働者や、五月女組の賃金不払いに対して争議で立ち上がり、その結果警察に追われる身となった朝鮮民族の労働者をその共同体の一員として遇して、かくまったり、炊き出しをしたり、争議団を支援したりしたのは、「ふるさと」の共同体意識を身につけた日本人たちでした。歴史を見つめてきた駅舎はすでに解体されて無く、いまは特急も停まらない小さな無人駅となった旧三信鉄道の起点・三河川合ですが、この場所にはかつて、「戦場にかける橋」にも似た、植民地を支配する民族と支配され搾取されている民族との間に「連帯の花」[8]が咲いたのです。たとえ期間は短かったとしても、日本の軍事戦略を展望した鉄道資本の搾取が苛酷であればあるだけ、危険な労働にさらされ明日は死ぬかもしれないという恐怖からの「隠れ家」を提供した奥三河の人々ととりもった共同体の関係は、これらのマイノリティの労働者たちにとってかけがえのない貴重なものであったに相違ありません。

8．「ふるさと」の要素としての建造環境と、その背景にある社会・人々

　1937年8月、ついに三信鉄道は全通し、中部日本の天竜川沿いの村々は、鉄道による全国スケールの空間統合ネットワークに加わります。しかし全通したとき、もはやそこに測量や工事に携わったアイヌや朝鮮民族の人々はおらず、自分たちが命を賭けて造った鉄道の完成をともに祝うことはできませんでした。そして、目論見どおりその翌年から、三信鉄道沿線で、天竜川電力の手になる平岡ダム建設がはじまります。このダム工事は、電源開発の戦略的事業として第2次大戦に入っても続けられ、朝鮮民族のほか、中国人や、タイとビルマを結ぶ軍用鉄道と同様に英国人など連合軍の捕虜も酷使されました。そして、三信鉄道自体が、わずか6年後の1943年、私鉄の戦時買収により、国鉄飯田線の一部となって消えてしまいます。

　では、これによって、三信鉄道建設に携わったマイノリティの人々は、奥三河から南伊那にいたる「ふるさと」から消えてしまったのでしょうか。

　決してそうではありません。三河川合の集落には、朝鮮民族の労働者たちが使用した洗濯棒や「朝鮮相撲」などが伝わり、長い間「ふるさと」の生活習慣の一部に取り込まれていたといいます[9]。これらはまちがいなく、奥三河の「ふるさと」における伝統の1つでしょう。

　豊橋から辰野まで全通した電車の線路は、いまや「かの山」や「かの川」と同じ、「ふるさと」の建造環境の一部になりました。山や川は地殻変動や水循環という自然がつくった地形ですが、鉄道線路は、ある社会組織のなかで人間が作り上げた地物です。地物には、つねに、それを作った社会関係と人々が埋め込まれています。例えば、古墳は単なる盛土ではなく、そこに古代の天皇制社会の支配構造が埋め込まれています。樺太／サハリンを現在どの国が実効支配していようとも、かつて日本人が建てた郵便局・銀行・工場・博物館・鉄道施設・墳墓・記念碑などの遺構は、そこをかつて日本が支配していたことを確かに証明しています。建造環境を通じ、過去の歴史が現在の場所に投射されているのです。

　三河川合と天竜峡の間に電車が走り続ける限り、かつてその工事にたずさ

わったアイヌ民族と朝鮮民族もまた、現在の「ふるさと」のなかに投射され続けるでしょう。アイヌ測量隊のリーダーであった川村カ子ト氏は、戦後も伊那を訪れ、地元の人々や子供たちと交流する機会がありました。また、2000年に、川村氏を主人公にした児童文学[10]をもとに脚色された合唱劇「カネト」が地元の合唱団員によって豊橋で初演され、その後JR飯田線沿線各地などで上演されるようになりました[11]。しかし、トンネル掘削や鉄橋建設などで命を危険にさらし過酷な労働に従事した朝鮮民族の労働者を思い出すよすがは、わずかに、中部天竜駅そばにひっそりと立つ殉職碑しかありません。鉄道工事に従事した朝鮮民族の労働者が警察の弾圧もおそれず立ち上がった歴史は語り継がれることがほとんど無く、奥三河の農民と朝鮮民族の労働者との間に咲いたつかの間の連帯の花は、忘れ去られてしまっています。碑に隣接し、JR東海が「企業文化活動」の1つとして設置している「佐久間レールパーク」に、旧型電車は多数並んでいますが、三信鉄道建設の虐げられた歴史にかかわる展示はまったくありません。「秘境駅訪問」といってこの区間を訪れる鉄道ファンのほとんどは、その秘境駅を結ぶ鉄道を誰がどのように作ったのか何も知らされないまま、そしてそれを作った測量技師や土木労働者に頭を垂れることもないまま、この場所を訪れ、写真を撮り、自販機の缶コーラをさわやかに飲んで、そして去ってゆきます。

　こうしたことを考えれば、真に「ふるさと」から発信する価値のある情報とは、まさにこのような、いったん忘れ去られた、しかし普遍性ある「場所」の歴史ではないでしょうか。それを、ひろく高次の空間スケールにある人々に発信し、場所を通じてより普遍的なものを自覚させるのです。その情報は、狭い「ふるさと」の個別性にとどまることなく、例えば、日本の朝鮮半島に対する過去の植民地支配のありさま、そしてそれについて現代の日本人がどのように責任ある対応をとるべきなのか、といったような高次の空間スケールを舞台とした普遍性ある問いかけと直接にむすびつきます。三信鉄道の歴史について訪問者に語りかける十分な資料館さえ、いまだJR飯田線沿線に存在しないという事実は、日本人として悲しいことであり、まだこの情報発信の努力がきわめて不十分であることを物語っています。

9．むすび

　「ふるさと」は、もともと、幼児期からそこに住んでいる住人の脳髄の中で、自然環境、生活と生産の技術、そして自分自身の身体が一体化し、住人がある地点に意味を与えた、低次の空間スケールの「場所」でした。しかし同時に、「ふるさと」は、国家や市場経済とも一体化しており、「ふるさと」の存在そのものが、より高次の領域に展開する国家と市場経済を前提としています。このため、「ふるさと」は、ミクロな個人の身体の側と、マクロな市場・国家の側という異なるベクトルによって引き裂かれてしまいます。

　このどちらもが現実であり、それぞれに「ふるさと」を支えています。「ふるさと」と身体との一体化と、国家との一体化とは、お互いに対立しながら「ふるさと」を媒介に1つにまとまる、という弁証法的な関係なのです。

　2つの関係を同じ方向に向けなおす試みは、ふるさとの共同体を国家領域にまで拡張し、国家と身体との一体性を強調する国家主義へと発展します。ですが、このようなイデオロギー的な宣伝がうまく作用するとはかぎりません。国家は、「ふるさと」を単なる地方としてとらえ、自然や人的資源の収奪を図りますから、それによって極度に場所が荒廃すれば、土地と結びついた身体性が、かえって以前より根強い抵抗の精神的基盤となりえます。また、そこまで行かなくても、「ふるさと」が隠れ家となり、消極的な抵抗の手段として使われる場合もあります。

　抵抗の場所となることも、隠れ家としての利用も、より高次の「空間」を包摂した市場ならびに国家と「ふるさと」とが切り結ぶ行為です。それによって、高次の領域を支配する社会関係そのものが変革されてゆく可能性もはらんでいます。

　このようにして、対抗をはらみつつ領域統合された空間の層を貫通して起こる数々の出来事に関する情報を、もっと発信してゆかねばならないと、私は思います。

　ご清聴、どうも有難うございました。

注

1）これについてより詳しくは、水岡不二雄編著『経済・社会の地理学』有斐閣、2002年を参照ください。
2）国民教育研究所編『地域研究——その学問的意味と方法論の吟味』1964年、117ページ。
3）上野登『地誌学の原点』大明堂、1972年、206、208ページ。
4）三信鉄道株式会社『三信鉄道建設概要』1937年、1ページ。
5）広瀬貞三「三信鉄道工事と朝鮮人労働者——『葉山嘉樹日記』を中心に」『新潟国際情報大学情報文化学部紀要』第4号、2001年。
6）1940年5月22日付「四鉄道国営移管推進連合懇談会」の「宣言」（東海旅客鉄道株式会社飯田支店（監修）『飯田線百年ものがたり』新葉社、2005年、52ページ所収）。
7）『日本国有鉄道百年史』第11巻、日本国有鉄道、1973年、909ページ。
8）渡辺研治「三河地方における朝鮮人の闘い——1930年の三信鉄道工事争議」『季刊三千里』36号、1983年、178–179ページ。
9）渡辺研治、前掲、179ページ。
10）沢田猛『カネト——炎のアイヌ魂』ひくまの出版、1983年。
11）http://www.kaneto.com/index.html

討　論

司会：せっかくの機会なので、気がねなく思いついたことを自由にご発言ください。その際、予めお名前をおっしゃっていただいて、3人の先生のうちどなたにお尋ねなのかを言っていただけますと、司会としてはありがたいので、よろしくお願いいたします。討論に移る前に、このフロアに、先ほど水岡先生がお話の中で触れられた川村カ子トについて、『アミ』という雑誌に執筆されている杉浦さんがいらっしゃっています。杉浦さんが持ってきてくださった『ありがとう通信』という冊子を、配布資料の中に入れてあります。その1頁目を見ていただきますと、左上のところに「川村カ子ト」という記事が掲載されています。それで、杉浦さんにトップバッターとして、この記事に関連したお話をしていただこうと思いますので、よろしくお願いいたします。

杉浦：杉浦と申します。私は愛知大学地理学専攻を卒業しました。在学中は有薗先生や藤田先生にお世話になりました。そのあと旅行会社に7年勤めておりました。勤務先は名古屋でしたが、旅行会社にいても旅行ができるわけではなくて、非常に忙しいところで何も自分の自己表現ができず悩んでおりました。何か自力でできないかと考えておりまして、7年前にたまたま保険業ということで転職して豊橋に帰ってきました。時間がある程度、自由が利きますので、3年ほど前の平日、藤田先生も参加しているあるシンポジウムに参加しました。その際ギャラリー花棕櫚(はなしゅろ)の北村さんと知り合いました。そこで『アミ』を紹介していただきました。『アミ』を拝見すると愛知大学の藤田先生が載っていたわけです。それを含めて面白いなということで私も執筆するようになって仲間に入れていただきました。その『アミ』という冊子をまずご紹介させていただきたいと思います。『アミ』は三遠南信の情報を発信する冊子でしたが2000年ぐらいに創刊、18号まで出て、去年の段階で止まってしまっています。執筆者と発行者の皆さんには本業が別にあって、本業のほうが忙しくなったというのもありますが、資金的に足りないという

のが最終的な原因です。今ホームページのほうに移行して発信をしているのですが、ホームページのほうもあまり内容が進んでいません。現在『アミ』の仲間は三遠南信の山間部の活動を応援するようなグループに変わってきております。

『ありがとう通信』はお客様に送るコミュニケーションの冊子です。私が保険業に転身して6年になるのですが、今はお客様が400人ほど。その他仲間300人ぐらいと合わせて、約700人を対象に予算の事もありますので毎回3～400部ずつぐらいにしぼり、2か月に1回出しています。内容は私の好きなことがいろいろ書いてありますが、私も愛大地理学を卒業していますし、地元の地理の事もいろいろ紹介したいと思っています。たまたまこの1頁目を見ていただくと豊橋市電の話を書いていまして、2頁目より11月4日に『アミ』の仲間として飯田のサミットに行った際乗った飯田線とサミットでも歌を披露したカ子トの合唱団のご紹介をさせていただいています。

2か月に1回こういったものを発行することによってお客様とのコミュニケーションも取れますし、また私が学んだり体験した事をすぐお客様に還元する事もできます。ツールとしてはとても良いものだと思いますが、ただやはり形態としては本業が保険業ということで、ただの宣伝と見られてしまうと困りますし、本来の利益から資金を出していますので非常に資金的には苦しいものがあります。今後どういった方向でいこうかと悩んでおります。年末号の今回は、カレンダーも付けています。カレンダーも私の写した豊橋市電の写真を入れて情報の一部としております。好評により昨年に続いて2回目の発行になっております。今後ともご指導よろしくお願いします。以上です。

司会：どうもありがとうございました。4人目の報告者としてお話ししていただきましたが、このような形態の発信活動を杉浦さんがされているということで、ぜひ参考にしていただきたいと思います。それでは、3人の先生方の報告の内容につきまして、何かご意見、ご質問がありましたらお願いします。

質問者：伊良湖の尾澤先生にお聞きします。直接のテーマから外れるかも分かりませんけれども。平成の大合併で渥美半島のいくつかの行政体が一体化

しました。大きな渥美町と田原との合併でその名前が田原市になって、昔から伊勢志摩の匂いが強い、しかも田原は抗拒と言いますか徹底した自彊主義の土地柄です。それから、伊良湖は庶民歌人の磯丸を出しておりますし、渥美町はまた芭蕉の関係で大変俳句が盛んで、旗本領あるいは公卿さんの匂いがする。庶民的な渥美と、士大夫と言いますか、侍の田原が合併して融合し、新しい大田原でふるさとのコミュニティがどのように発展していくのか、外部で勉強している我々にとってはちょっと興味があるんですが、何かお見通しがありましたらお話しいただけますか。

尾澤：お答えになるかどうかよく分かりませんが、平成の大合併で旧渥美町と田原市が合併いたしました。旧伊良湖村のほうは本当に伊勢の香りが強く、三重県と合併したらどうかという冗談話が村で出たこともありました。伊良湖から渥美町を含めて三重県というのはいかがなもんかと。質問でも言われた通り田原は戸田藩の武家色の強いイメージと、何となく公卿と言うといった感じがするんですけれども、伊勢神宮との繋がりによって一種違った地域性を持ったところであったと思います。田原との合併でこれから協調性を持っていかに進んでいくかというところで、自分達伊良湖村としての提案というのはさしてできないと思うんですけれども、今、田原市長さんともお話しして、伊良湖に松を1,000本植えるということで頑張っています。直接的な工業とか産業とかいうところよりも、お互いに何か文化を通じて協調性を持って、伊良湖に何ができる、みんなで何ができるというふうに、今日の課題ではありませんが発信していけば、そこで何か一緒に交流していけるものが見つかるのではないかという気がしています。

司会：ありがとうございます。

吉川：豊橋の吉川という者です。伊藤さん、町村合併をする時はいつも市町村名が問題になりますね。渥美町が田原と合併した時なんかもだいぶ揉めましたが、鳳来町が合併した時に、鳳来という名前がなくなってしまうので残せという意見の人がおりましたね、梶村さんかな、女性の方が一生懸命運動していた。私は反対なんだけど。なぜ反対かと言うと、鳳来町なんていう名前は昭和30年からのもので、たかだか30〜40年、50年になるかな、そんなものなんです。そういう合併した時は江戸時代の村名に戻すと。例えば、湯

谷村というのがあったけれども明治の初めに豊岡でしたか、豊田とか富田とか栄えるなんていう洒落た名前を付ける。現在は新城になったので新城市豊岡ということになるんですが、そういうのは湯谷に戻すべきであるというのが私の考えで、「鳳来」を鳳来町の人が望んでいるのかどうかというのが質問です。あなたのご意見はどうかということをお伺いしたいけれども、私の意見で言うと鳳来なんていう伝説の話を、それがいい話かどうかという価値判断は人によって違うし、もう1つは鳳来町も非常に面積が広いですね。その隅から隅までみんな鳳来だというのを望んでいるのかどうか。だいたい町名に全部鳳来を付けろというのは、私は無精だから面倒くさいと思うんですが、郷土史からいくとどんなものですか、先生。

伊藤：鳳来の名前の時にちょっとした騒動がありました。最初、作手と鳳来と新城が合併します時に、作手のほうはすぐに「作手」を付けてくれという話だったらしいんですけれども、鳳来のほうはみんな何も考えてなかったというのが正直なところで、議会でスルスルと通ってしまって、鳳来は取って「新城市」のあとにすぐ大字名が来るということで「鳳来」が抜けてしまうことがいつの間にか決まってしまった、それが合併間際になって、特に観光関係の方が多かったんですけれども「鳳来」を残したいという運動が興りました。うちにも多くの方々が、「こういう運動をしたいんだけど協力してくれないか」ということで来られました。その時に、私はヨシカワ先生と同じことを申しました。「鳳来の歴史は浅い」と。鳳来町という名前は昭和30年の合併以来の町名ですから、それについては私共は旧長篠村ですから、鳳来が合併する以前の長篠村のほうが私としては重みがある感じがしましたし、鳳来町の歴史の浅さを思いますとどうしても「鳳来」を付けなきゃならないことはないんじゃないかと申しました。また、政治的には鳳来町の新しい町長になられた方も、これから町村を合併していくのに対して非常に難しい舵取りをしなきゃならない時期に至って、最初から協議をするのはいいんですけれども、中途から「鳳来」を付けようか付けまいかという話になりましたので、ここはあまりそういうことで騒動しないほうがいいんじゃないかということを申しました。結局運動は予想以上に小さなものになりました。

そのあとで全町に「鳳来を付けたいかどうか」というアンケート調査が行

われました。そうしたところ、予想外に「鳳来を残したい」という人が少なかった。それで鳳来は付かなくなったんですが、実際に新城市に合併されてしまいますと非常に不便なんですね。「どこですか」と聞かれて「新城です」と言うととても住んでいるところのイメージが湧かない。鳳来の奥のほうの人なんか「新城です」と言われてもどうしてもイメージが湧かない。「新城のどこですか」と言うと「元のあそこだよ」という話になる。ちょっと不便だなという感じはしています。また鳳来ではなく鳳来寺という名は歴史がありますから、旧鳳来寺村だけでも残した方がよかったかと思います。いずれにしても、早い段階で協議した方が良かったと思います。

吉川：ありがとうございました。

司会：どうもありがとうございます。その他何かございませんか。

佐藤：佐藤です。「伊良湖誌」の方にお聞きしたいんですが、田原町が田原市になる時に町を新しくしました。その時に田原の本町、新町といくつかの町があるのですがその中の1つの町がなくなりました。田原町で買いものをした時こんな話を聞きました。「この田原の町から出ていきたい人は誰もいないよ、みんな泣きながら出ていったんだよ。」とおっしゃったんです。「今は田原市になってしまったけども、他に移っていったおばあさんに昔から住んでいたふるさとから切り離されて心の病気になってしまったおばあさんがいるんだよ。かわいそうだよ。」と言われました。私は胸が詰まる思いがしました。この「伊良湖誌」に伊良湖も旧伊良湖から新しい村に変わったと書かれていました。聞き書きとかそういうとてもいい仕事をされているようなので、伊良湖村は移動したわけですが伊良湖村の人々は心をどう立て直していったのかとか、新しい生きる力をどう使って、みんなで新しい村をどういうふうにつくっていったのかということを、より生々しく記録していただけると、よりすばらしいものになったと思います。阪神大震災で心の故郷(ふるさと)がなくなってご病気になった方もおみえになります。『伊良湖誌』がそういう人々の1つの力になったら嬉しいなと思います。

　それから奥三河書房の方が「近代になって失われたものがある」ということをおっしゃったんですが、私の住んでいる地域で戦前・戦中・戦後と生きた方ですが、このかたの残した郷土誌の中に「戦前は貧乏になって困って倒

産しても誰か大きな家があって、その人が小さな家を助けてくれるという心の絆があったから、誰もそのことで悩む人はいなかった。」という記録があります。「貨幣経済が進んで、蚕糸業でお金を得ることができるようになってからそういうものがなくなったんだ。」ということが書いてありまして、これは近代100年かかってなくなってしまった日本人の心の絆、心の豊かさだと思います。今日本は成果主義というものがいろんな職場の中に入り込んでいまして、心のふるさと、大事な人と人とが心を分かち合う、助け合うという日本人の美しい心、豊かな心そういうものが忘れ去られています。今日ここに多くの研究者の方がおみえになっていますので、ふるさとから発信するということを大事にしていただいて、より一層故郷を大切にしてよい研究なさってくださることを心から願っています。以上です。

司会：ありがとうございます。場所を移る、空間を移動するということに伴って、住民の多くに感情の軋轢とか葛藤があったのではないかというご意見だと思いますが、その点について、尾澤さん、もし何かあればということと、もう1つは、先ほど伊藤さんがおっしゃったように、ふるさとをめぐって世の中の経済とか社会とか時代が動いているわけですけれども、それに伴って失ってしまったもの、そこに何かふるさとの本質的に重要なものがあったのではないかというようなご指摘だと思います。その2点につきまして、お2人それぞれのお考えとか、ご意見ご感想があればお願いしたいと思います。

尾澤：伊良湖集落が移転した時に当然大変な苦労はあったと思うんですけれども、その悲壮感だとかみんなが失ったものがどうであったかという質問かと思います。全村1度にみんな同じところに移転したんです。だから村の繋がりとかいろんな意味の集落というものは壊されていなかった。バラバラにされてしまったということであればすごい悲壮感と、あと繋がりを作ることの難しさというものがあったかと思いますが、全村114軒のうち112軒、そのまま今の場所にひっそりと固まって移ったので、直接その人達の苦労は聞いていないんですけれども、もし自分がその立場であったなら、村のみんなで移転できたということで、物質的な苦労はあるかも知れませんが、精神的な苦労はだいぶ和らいだんだろうと推察いたします。

司会：ありがとうございます。伊藤さんいかがですか。

伊藤：今ご質問があった中で少し心にとまったのが、昔は地主さんとかそういう方達が困った時には何とかしたみたいな良い風潮があったというようなことをおっしゃったと思います。確かにそういう風潮はありましたけれども、実際に助けた方としましたら、戦争が終わった時にそういったことは地主が富を集中してきたからできたんだという形で、地主層の方達は大変辛い思いでこられたと思います。そのあと農地解放がありましたので、実際にはそうしてあげる力もだんだん失ったわけですけれども。ただ私は富が集中したから、あるいは村落の中の貧富の差が歴然としていて、あるいは階層のヒエラルキーがはっきりしていた時代だからそういうことができたということもありますが、そのことの善し悪しとは別に、それが1つの国家と同じような役割を果たしていたので、やはり非常に重要だったと思っています。

　例えばもっと新しい時代の、今の私の体験なんかで言いますと、村の中にも字類といったグループがあるわけです。そういうグループの方達は、昔は例えば近隣のトラブルがあった時、親方みたいな方がだいたい決まっていて、その方が仲裁に入るとか、困った時には話を付けるというようなことが最近まではあったわけですけれども、今はそれがほとんどなくなっています。民生委員ですとか人権擁護委員ですとか、そういったものが設けられるわけですが、現実にはそういう方達は任期限りの立場ですからむつかしいものがあります。昔はやっぱり代々の長い付き合い、歴史がありますから、この人が仲裁に入ったら折れざるを得ないだろうというのが村落の中にありました。そういう機能は今失われているなと思います。それだから自由になれたというのがあるかも知れませんし、それだから人が疎遠になったということもあります。何が一番いい形かというのは分かりませんけれども、ただ寂しい時代になったなとは思います。

司会：ありがとうございます。水岡先生、先ほど社会関係ということを重要な言葉としてご説明いただきましたけれども、今のご質問に関連して、世の中とか社会が変動する中で、社会関係のありようも何らかの影響を受けて変わらなければいけないとか、変わっていくというふうに考えられます。空間の中へと移動することに伴って社会関係がどのように変質していくのかということもあると思います。そういったことを含めて、今の質疑応答に絡めて

何かお考えになったことがあればお話しいただけますか。

水岡：平成合併の話題が幾つか質問の中に出ましたので、それに関係して申し上げたいと思います。これは、かつてより小さな自治体にあった身体と場所とのあいだの親密な結び付きというものを引き離す役割を果たす。例えばちょっとしたことでも住み慣れない町の中心部に行かなければいけないとか、そういったことが起こっております。私は合併された地域に行きますと、よく地元の人達に「合併になってどう変わりましたか」という質問をします。だいたいは「行政のきめが荒くなった」とか「疎遠になった」という答えが返ってきます。ついこのあいだ開かれた人文地理学会で、平成合併のあとどうだったか、静岡県の事例について発表がありました。そこで、今私が申し上げたような、あるいはご質問で危惧された事態を避けるための、必死な工夫が紹介されていました。例えば役所を2つに分ける、つまり本庁にあった機能を完全に2か所に分けてしまう。そうすると本庁が2か所にできるわけですから、2か所のあいだをしょっちゅう車で移動しなければいけない。特に最近は石油代が高いですから車を動かすお金がたいへんですし、CO_2で地球温暖化を促進するかも知れません。平成合併によって財政の困難を救うということだったのだけれども、ふるさとの結び付きを維持する空間的移動のために財政負担がより多くなってしまうことになります。

　もう1つ紹介された事例で、大井川をはさんで金谷町が島田市の一部になった問題がありました。大井川は昔、駿河と遠江の国境でした。金谷町は遠江、島田市は駿河。駿河と遠江は文化も違うわけです。それがむりやり合併した。金谷町の人達は新しい島田市に全然愛着を感じられません。つまり、合併を通じて「ふるさと」自体が全面的に解体されつつある状況が出てきているのではないかと思います。

　その背景にある社会関係としてとりあげなければならない、最近一番大きな変動は、「ネオリベラリズム」（新自由主義）への転換です。自由と言うとフランス革命の自由・平等・博愛みたいな良いイメージがあるのですが、これはそういった意味の自由ではなく、金儲けの自由です。儲ける人はどんどん金儲けに参加してください、失敗したらホームレスになりますけどそれはあんたの自己責任です……そういう新自由主義が「ふるさと」のレベルまで

入り込んでくる。私が今日のお話の中で紹介した事例というのは、例えば鉄道建設のために、「ふるさと」のローカルな場所が高次スケールの空間にとりこまれていくということだったのですが、今は「ふるさと」自体が平成合併などを契機にして解体されつつあるのではないかということを危惧します。もちろん、今回の平成合併のバンドワゴンに乗らず昔のまま生き残っている自治体もあります。そういうところは、財政的な苦労はあるかも知れないけれども、その苦労を払って「ふるさと」は生き続けます。果たして合併が得策だったかどうか、それは、これからの歴史の審判にかかっているのではないかと思います。

司会：どうもありがとうございます。今のお話も含めて、その他何かご意見やご質問のある方はいらっしゃらないでしょうか。

質問者：合併のことですけれども、陸と陸の合併というのもあるし、島と陸の関係とか、いろんな合併のタイプがあると思うんですが、特に今一番厳しいのが本土と島の合併です。ほとんど島というのは出張所、しかも余った人員の溜まり場みたいな。先ほど先生がおっしゃいましたけれどもまさに合併というものが、特に末端にある島であったり、あるいは山村であったり、今どんどん拡大して、地域間格差がすごくなっている。そういう中でたぶん末端地域のふるさとというものはまさに崩壊寸前だというのは先生のおっしゃる通りだと思います。それともう1つ、今日のお二方は大変素晴らしい発信をなさっていて、自主的な発信だと思うんですけれども、そういった自主的な発信をなさっている中で、例えば行政との関わりをどういうふうにお考えになった上で今回のような活動をされているのか、あるいは現在、さらに言えば今後どのような発信を計画されているのか、その辺のことについてちょっとお話しいただきたいと思います。

司会：行政との関係性の中でふるさとから発信を続けるということについて、何か特にお考え、あるいは方針とかがあれば尾澤さんと伊藤さんにお聞きしたいのですが。

尾澤：自分達がふるさとから発信するという点で行政とどういう関わりを持っているかということかと思われますが、『伊良湖誌』を作る時に自分達が用意できたお金は180万円ちょっとでした。その中で愛知県地方振興費補

助金と言うか、経費の3分の1を補助しますというシステムがございました。それはすごく助かって、自分で言うのも何ですが、立派な本にするためのもう一息というところをそれで補っていただきました。本を作るについてはそういう地方振興資金がありがたかったんですが、今後行政を利用するという案は田舎者なのでまだございません。こういう場面に呼んでいただけたらいつでも喜んで出ていってしゃべるという部分でしか、本を発信していくことはまだ思いついておりません。

司会：ありがとうございます。伊藤さんいかがでしょう。

伊藤：私共はなるべく行政ですとか力を持っているところから遠ざかっているということ、フリーであることを一番大事にしてきましたので、金銭的にも援助しようというという方がたくさん経済界にもいらっしゃいましたし、いろんなお誘いを受けましたけれども、何にも縛られずにやっていこうということを第一にしてきましたので、行政との金銭的な関わりは全くありませんし関わっていくつもりもありません。ただ、いろんな出来事が起こるといろんな方がたくさんうちにはお越しになりますし、情報の交換の場ということでは議員の方を始め行政の方や、いろんな活動をしていらっしゃる方達が出入りすることはあります。いろんな方が出入りするためには時には協力関係にはなっても何にも属さないでいるということが重要です。自分の精神の自由性を守っていくことでバランスを保っていけるんじゃないかなと思っています。

司会：どうもありがとうございます。

質問者：尾澤さんにお伺いしたいんですが、まず作られる時に行政ということだったんですが、これからは行政と離れて、せっかく本を作られたということですから、自分たちの中で自主的に自治会とかそういう形でのお考えはないでしょうか。

尾澤：この本を作って今後自治会として、ということだと思いますが、外に発信していくというチャンスは少ないので、今日の話の中に出ましたけれども子供達にいろんな場面において『伊良湖誌』を使って語り部のように伝えていくという活動は自分のできることだし、これから絶対に取り組んでいこうということなんですけど、外に向かってというのは自分達の動きの中では

機会がないので、自治会としては小学校の子供達の授業だとか、何か機会があった時に自分達でもし語れる場面があるなら、それを一生懸命伝えていきたいという考えしかまだ発想はありません。

司会：どうもありがとうございます。他の方いかがでしょうか。

五十嵐：中野町から来た五十嵐と申します。去年確か三河湾が汚れたという話をやりましたよね。お三方にお聞きしたいのは、去年は確か県の方が来られていて、僕が「どういうような形で現状維持に持っていきますか」と質問したら「現状より多少なりとも汚れが進まないようにする」とおっしゃっていました。今やはり尾澤さんにしても豊川流域ということで奥三河が関係してきて、流水が少ないということをおっしゃっていましたが、そういうことで奥三河のほうでも伊良湖のほうでも何か対策があるかということと、水岡先生に環境でこういうことをやったら地域的に一番いいんじゃないかという案がございましたら、アドバイスをお聞きしたいと思いますのでよろしくお願いします。

尾澤：三河湾が汚れているということですね。その中で伊良湖村として何か取り組みはということですが、自分達が進めているのは自治会長以外にも環境LTOと言うか、すごく素朴な地道な動きなんですけど、田んぼを作ってそれに有機的なものでいきたいということ。伊藤先生はちゃんと実行されているようですけど、自分達はまだ化学肥料に頼っている部分が多い。今年はよく完熟した堆肥を田んぼに入れて作っているんですけれども、そういうものが流出して肥料濃度の高いものが海に流れた時に汚れることがあるのかなということで、少しでも海の環境を悪くしないようなもの、農薬を減らして、化学肥料を減らして、そういう小さな動きなんですけど自分達の地域でみんなに勧めてやっています。それとよく松枯れのことが言われますけれども、松だけでなく木を植えることが水に対する保護になるという、その意識はあまりないんですけど、木をたくさん植えるということで今一生懸命自分達が地域の中で働きかけて動いています。小さな村なんですけどそういう動きで今対応しているというのが実状です。

司会：ありがとうございます。伊藤さん山のほうはいかがでしょう。

伊藤：私は三河湾で育ちましたので、自然農法、有機農法、農薬を使わない

農法をやろうと思ったきっかけは、子孫のためにということが第一。もう1つは三河湾を汚したくないと思ったのが大きな理由でした。ふるさとの海を汚したくないというのが大きかったわけですけれども、今奥三河の抱えている問題は、木材価格があまりにも低くなりすぎて管理ができないということです。大変山が荒れていまして、間伐をしたあとも間伐材を運び出すことができないという状態が続いています。ところが最近わずかながら木材価格が上がってきました。たぶんこれからも上がっていく時が来ると思います。そうすると林業家はすごくいいかなと思うと、そうじゃなくてみんな怯えています。もしそれが急騰で、この時とばかりに皆伐してしまったら、取り返しのつかないことになってくるわけです。最近林業をやっている方の質が変わってきています。所有権が、昔は代々持ってきたのが今はばらけてしまっている。代を守れなくなってきまして、なかには投機的な意味で、ただ山を買ったというだけの人もいて、林業の技術も理念もよく分からないという人達が増えちゃっているんです。そういう方達が「値段が高くなったから」と後の事も考えず、目先の欲得で皆伐してしまったら、地域の豊川流域全域、三河湾も相当ひどいことになります。ですから私は本当に、今の経済至上主義の動きが恐ろしくてなりません。林業は何代にも渡ってやらなければできない仕事なんです。

　私がなぜそう思うようになったかと言いますと、嫁いですぐに山仕事をしたわけです。植林もしましたし下刈りもしました。両親に連れられて山に行くわけですけれども、そうした時に主人の曾祖父に当たる方が植えてくれた山がありまして、「これは家を建て替える時の山だよ」ということで、父が「この桧は柱に使って、あそこのベボウは框に使って」と説明しながら歩いてくれるわけです。「これで残りを大工賃に当てれば1軒建つだけはある」ということでひいおじいさんが植えてくれたと。山を見ましたら、その当時はもう価値がなくなっていて、それを切ったからといって建つようなものではなかったですけれども、そうして代々が間伐し枝打ちをして守ってくれたものをおろそかにはできないと思いました。それと同時にそういう先祖に私も孫嫁、曾孫嫁として迎えられたんだなという実感がその時ありました。利己的な生き方にはない尊さに感動したのです。我家だけではなく、どの家の先祖

も同じように努力を重ねて、郷里の山河が守られてきたのだと知りました。何代かの後、日本の山が北朝鮮の薪もとれないようなハゲ山になっていないことを願うばかりです。

司会：ありがとうございます。水岡先生、ふるさとの環境保全ということについて何か良い方法があるでしょうか。

水岡：今回は三河地方の事例を詳しくお聞かせいただいて私も勉強になりました。「ふるさと」の環境は、いま貨幣の論理にますます動かされるようになってきています。小泉改革というのが非常に多くの人に支持されて、郵便局がとうとう10月から民営化されてしまいましたが、これも「ふるさと」という観点から見ますと、村に郵便が配達されなくなるんじゃないか、山村の郵便局が閉鎖されるんじゃないかという非常に深刻な問題と関わっているわけです。ところが、新自由主義者には「そういうところに住むのが悪い」と言わんばかりの人が大勢います。つまり「都市の便利さが欲しかったら都会に来ればいいじゃないか。好んで村に住むのだから不便は耐え忍べ」。そういう「自己責任」の論理が平気でまかり通る。こうして人々が「ふるさと」から疎外されていきます。これがまさに「ネオリベラリズム」です。

オーストリアからアメリカに渡ったハイエクという思想家は「自由というのは天から降ってくるものじゃない、金で買うものだ」という意味のことを言いました。そういった思想が隅から隅に行き渡って、環境というものまで金で動くような時代になっています。「ふるさと」というのは、先ほどのお話で申し上げましたけれども、市場とは違う共同体の場だった。その共同体が自然のシステムと一体化していました。その市場が、人々を環境から疎外したというのも、また否定することのできない事実です。

我々は、自然との一体性を取り戻していかなくてはなりません。取り戻すためには、今の貨幣が全てという市場原理主義の中で、「ふるさと」の環境が今どういうふうに破壊されていき、荒らされていっているのかということを、発信していく必要があるのではないでしょうか。それに日本全国あるいは世界中の人々が関心を持つようになって、ネオリベラリズムの社会を、自然と共同体とが一体となった社会に作りかえていくきっかけを積み上げていかなくてはなりません。これこそ、真にふるさとの環境を保全できる社会関

係をもたらす道でしょう。

司会：どうもありがとうございました。まだ他にもたくさんいろんなご意見もあるかと思うんですが、この部屋の使用の都合で予定通り4時半に閉会しなければいけません。あともし何かありましたら、個別に各先生方にご意見等を申し出ていただければよろしいかと思います。

　長時間に渡りまして「ふるさとを発信する」という主題について、3人の先生の貴重なお話を聞くことができ、会場のみなさんからもたくさんのご意見をいただきました。長いあいだご清聴ありがとうございました。もう一度3人の先生に盛大な拍手をお願いします。最後に、有薗所長に閉会のご挨拶をお願いしたいと思います。

有薗：皆さん大牟羅良という人をご存知でしょうか。『ものいわぬ農民』（岩波新書）という本の著者です。この本には昭和20年代に岩手県の山村に住んだ人々の暮らしぶりが書いてあります。この頃古着商をしていた大牟羅さんは、風呂敷に包んだ古着を背負って、1週間に1度ほどの間隔で奥羽山脈中の村々を回っていました。お役人や学者先生には本当のことを言わない村人たちですが、大牟羅さんには古着の売買の合間に本音をもらします。「村にいると窮屈だ。まだ夜が明けないうちに隣が雨戸をあけるので、うちも早起きして雨戸をあけなければならない。お互いに監視しあっている。そういう村社会を壊したい」というのが村人たちの願いであると、大牟羅さんは書いています。それから半世紀が過ぎた今、村はほぼその願いどおりになりました。ところが、「あれ？　おかしいじゃないか、そんなはずじゃなかった」というのが今の村の姿です。村に住む人々にとって、なくなってよかったものもあるけれど、なくなってはいけないものまで失って、村がばらけてしまった。これをどうすればよいか。「我々が今やるべきことは何か」を互いに提供・発信しあうことが大事だと、今日の発表と討論を聴きながら考えました。

　発表していただいた3人の方々、ありがとうございました。このシンポジウムの発表と討論は報告書にまとめて、来年3月末までには刊行します。皆さん、今日は長い時間おつきあいいただき、ありがとうございました。これをもって閉会いたします。

執筆者紹介（掲載順）

尾澤　美也（おざわ　よしなり）
　　　1957年生まれ　伊良湖自治会長
伊藤　敏女（いとう　としめ）
　　　1954年生まれ　奥三河書房
水岡不二雄（みずおか　ふじお）
　　　1951年生まれ
　　　一橋大学経済学研究科教授（経済地理学）

愛知大学綜合郷土研究所シンポジウム報告集4
ふるさとから発信する

2008年3月31日　第1刷発行

編者＝愛知大学綜合郷土研究所 ©
　〒441-8522 豊橋市町畑町1-1　Tel. 0532-47-4160

発行＝株式会社 あるむ
　〒460-0012 名古屋市中区千代田3-1-12　第三記念橋ビル
　Tel. 052-332-0861　Fax. 052-332-0862
　http://www.arm-p.co.jp　E-mail: arm@a.email.ne.jp

印刷＝東邦印刷工業所

ISBN978-4-86333-000-9　C1036

■愛知大学綜合郷土研究所　刊行物案内　　　　　　　　　　　（価格は税別）

愛知大学綜合郷土研究所紀要（年1回3月刊）　　　　　　　　　　各2000円

＜研究叢書＞　発売：01～10は名著出版　11～は岩田書院
01 近世の交通と地方文化　　　　　　　　　近藤　恒次 著　　3800円
02 近世の山間村落　　　　　　　　　　　　千葉　徳爾 著　　3800円
03 地域社会の言語文化　　　　　　　　　　堀井令以知 著　　3500円
04 三河地方と古典文学　　　　　　　　　　久曾神　昇 著　　3800円
05 青々卓池と三河俳壇　　　　　　　　　　大磯　義雄 著　　3786円
06 家族と地域社会　　　　　　　　　　　　川越　淳二 著　　4660円
07 奥三河山村の形成と林野　　　　　　　　藤田　佳久 著　　5728円
08 渥美半島の文化史　　　　　　　　　綜合郷土研究所 編　　5728円
09 志摩の漁村　　　　　　　　　　　　　　牧野　由朗 著　　5049円
10 志摩漁村の構造　　　　　　　　　　　　牧野　由朗 著　　5049円
11 豊川用水と渥美農村　　　　　　　　　　牧野　由朗 著　　4600円
12 地域研究を拓く　　　　　　　　　　綜合郷土研究所 編　　5800円
13 豊川流域の水文環境　　　　　　　　　　宮澤　哲男 著　　5800円
14 江戸時代の農民支配と農民　　　　　　　見城　幸雄 著　　7800円
15 ヤマチャの研究　　　　　　　　　　　　松下　　智 著　　4800円
16 三河地方知識人史料　　　　　　　　　　田崎　哲郎 著　　14800円
17 東三河の水産物流通　　　　　　　　　　伊村　吉秀 著　　5900円
18 東海道交通施設と幕藩制社会　　　　　　渡辺　和敏 著　　7800円
19 近世東海地域の農耕技術　　　　　　　　有薗正一郎 著　　5200円
20 持続する社会を求めて　　　　　　　　　市野　和夫 著　　3600円

＜シンポジウム＞　発売：01～03は名著出版　04～は岩田書院
01 近世の地方文化　　　　　　　　　　　　　　　　　　　　1942円
02 景観から地域像を読む　　　　　　　　　　　　　　　　　1942円
03 天竜川・豊川流域文化圏から東・西日本をみる　　　　　　2427円
04 花祭論　　　　　　　　　　　　　　　　　　　　　　　　2200円
05 県境を越えた地域づくり　　　　　　　　　　　　　　　　2600円
06 豊川流域の生活と環境　　　　　　　　　　　　　　　　　2000円
07 ふるさとを考える　　　　　　　　　　　　　　　　　　　2000円
08 ふるさとを創る　　　　　　　　　　　　　　　　　　　　2000円
09 ふるさとに住む　　　　　　　　　　　　　　　　　　　　 762円

＜ブックレット＞　発売：あるむ
01 ええじゃないか　　　　　　　　　　　　渡辺　和敏　　　1000円
02 ヒガンバナの履歴書　　　　　　　　　　有薗正一郎　　　 800円
03 森の自然誌―みどりのキャンパスから　　市野　和夫　　　 800円
04 内湾の自然誌―三河湾の再生をめざして　西條　八束　　　 800円
05 共同浴の世界―東三河の入浴文化　　　　印南　敏秀　　　 800円
06 渡辺華山―郷国と世界へのまなざし　　　別所　興一　　　 800円
07 豊橋三河のサルカニ合戦―『蟹猿奇談』　沢井　耐三　　　 800円
08 空間と距離の地理学―名古屋は遠いですか？鈴木富志郎　　 800円
09 生きている霞堤―豊川の伝統的治水システム藤田　佳久　　 800円
10 漆器の考古学―出土漆器からみた近世という社会 北野信彦　 800円
11 日本茶の自然誌―ヤマチャのルーツを探る 松下　　智　　　800円
12 米軍資料から見た 浜松空襲　　　　　　 阿部　　聖　　　 800円
13 城下町の賑わい―三河国吉田　　　　　　和田　　実　　　 800円
14 多民族共生社会のゆくえ―昭和初期・朝鮮人・豊橋 伊藤利勝 800円
15 明治はいかに英語を学んだか―東海地方の英学 早川　勇　　 800円
16 川の自然誌―豊川のめぐみとダム　　　　市野　和夫　　　 800円

＜資料叢書＞　発売：岩田書院
08 江戸時代海面入会争論再審実録　　　　　見城　幸雄　　　3700円
　　三州渥美郡馬見塚村　渡辺家文庫1～7　　　　　　3000～6600円
　　愛知県歴史関係文献目録（1974年まで）　　　　　　　　 1300円
　　村落研究文献目録　　　　　　　　　　　　　　　　　　 3000円
　　愛知大学綜合郷土研究所所蔵資料図録1　　　　　　　　 400円

＜資料叢書＞　発売：あるむ
豊橋市浄慈院日別雑記1　自文化10年至天保14年　渡辺　和敏 監修　11000円
豊橋市浄慈院日別雑記2　自天保15年至安政7年　 渡辺　和敏 監修　11000円